私がクリスチャンになるまで

清末中国の女性とその暮らし

アデル・M・フィールド 著／蒲 豊彦 訳

Pagoda Shadows : Studies from Life in China

東方書店

訳者まえがき――アデル・M・フィールドとバイブル・ウーマン

本書は Adele M. Fielde, *Pagoda Shadows: Studies from Life in China*, W. G. Corthell, 1884 の全訳を基本にして（最終章「言語、文学、民話」のみ抄訳）、アメリカン・バプティストの機関誌 *Baptist Missionary Magazine* に掲載されたフィールドの文章数編および、フィールドが編纂した民話集 *Chinese Nights' Entertainment: Forty Stories Told by Almond-Eyed Folk, Actors in the Romance of the Strayed Arrow*, G. P. Putnam's Sons, 1893 から民話を一篇補ったものである。さらに、日本の読者になじみのない単語や地名等に注を付けた（位置を確認することのできない地名には注釈を付けない）。

原著の *Pagoda Shadows* は中国の女性や女性クリスチャンの生活史と（本訳書第一部）、中国の社会や習慣について説明した部分に分かれるが（第二部）、全体として女性および女性をめぐる社会事情を主題としている。本訳書では以上に加えて、フィールドがどのように布教活動を行ったのかが分かるような文章を集め、第三部とした。

著者のアデル・M・フィールド（一八三九～一九一六）は一八七三年から八九年まで中国広東省東部の潮州・汕頭《すわとう》地区で活動した、アメリカン・バプティスト・ミッションの独身女性宣教師である。現地中国人の女性伝道師であるバイブル・ウーマンの育成や方言辞書の編纂などに力を尽くしたのち、一八八九年にミッションを辞して母国のアメリカに戻ってからは、婦人参政権運動をはじめとする各種の社会活動に携わるかたわら、科学者として昆虫（アリ）研究の分野でも業績を残した、極めて特異な女性であった。

宣教師として

フィールドは、一八三九年にニューヨーク州のイーストロドマンで生まれた。五人兄弟の末っ子だった。父親はペンキ屋兼大工で、バプティスト派のキリスト教信者である。フィールドは一六歳で中等学校を卒業すると、教師養成のための州立カレッジに入った。そのころ女性が自活することのできる数少ない専門職である教師になろうとしたのである。そして一八六〇年に教師の免許状をとって卒業すると、すぐに教職に就いた。

一八六四年の春、学校の休暇を利用して故郷に帰る途中、カレッジでルームメートだったルクリーシア・チルコットの家に立ち寄るが、これが人生の大きな転機となった。ルクリーシアの兄弟サイラスと恋に落ちたのである。神学校で学ぶサイラスは、アメリカン・バプティストの宣教師としてバンコクへ赴任する準備をしていた。二人はすぐに婚約し、その年の八月にはサイラスがひとまず単身で出発する。翌一八六五年一月、彼女はミッションの教師に採用され、経済面の問題が解決する。こうして同年一二月二〇日、大西洋に向けてニューヨークを出港し、一四九日間の航海ののち、ひとまず香港に到着した。ところがサイラス・チルコットは前年の一二月二〇日、つまりフィールドが出発した一〇日後に腸チフスのためにバンコクですでに死亡していた。しかし彼女は、そのままバンコクに向かうことを決心する。

アメリカン・バプティストがシャムへ最初の宣教師を派遣したのは、一八三五年のことだった。ただしこのミッションは、タイ人ではなく中国人移民を布教の対象とするもので、中国移民が多く居住していたバンコクで活動を始めた。このころ中国はまだ外国に門戸を開いておらず、中国本土で直接布教することができなかったためだ。一八六六年、このミッションにフィールドが合流することになる。当時、独身女性宣教師は世界中で一二名ほどしかいなかった。アメリカン・バプティストも独身女性の宣教師を認めておらず、異例の処置である。

バンコクの中国人移民は、多くが中国広東省東部の潮州・汕頭地方の出身者だった。そこでフィールドも、他の宣教師と同じように中国人を雇ってまず潮州方言を学んだ。やがて方言が少

アデル・M・フィールド

しできるようになると、一人で遠出をして中国人信者の家を泊まり歩くようになる。

近代になって宣教師が中国へ本格的に入りはじめるのは、中国が一八四〇年のアヘン戦争に敗れて次第に国を開きはじめてからだが、バンコクの宣教師たちも一八五八年から中国人移民の故郷である汕頭地区に移りはじめ、ミッションの本部は外国との貿易で急速に膨張しつつ

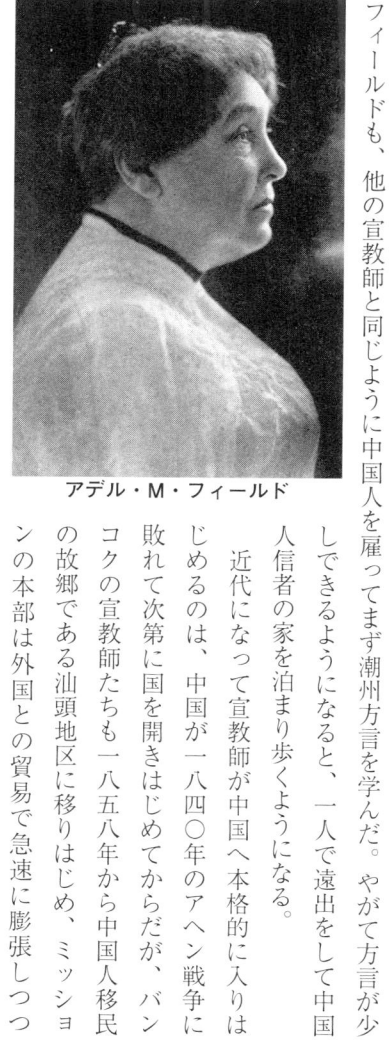

あった港町・汕頭に置かれた。

バイブル・ウーマンの育成

フィールドも一八七三年に汕頭へ移る。この地で彼女が最も力を注いだのがバイブル・ウーマンの育成であった。バイブル・ウーマンとは、現地中国人のいわば女性伝道師であり、村々を巡回して女性たちに聖書の物語を語って聞かせる。これ以前に汕頭のアメリカン・バプティストにはすでにバイブル・ウーマンが数名存在していたが、フィールドはそれを組織的に教育しようと考えた。一八七四年に彼女が設立した学校は、中国で最初のバイブル・ウーマン学校だったともいわれる。

バイブル・ウーマンには明確な役割があった。社会生活上、中国では男女が厳しく分けられており、たとえば教会を建てるときでも、その内部はしばしば左右ふたつに仕切られ、席が別々になっていた。男女の信者は正面の牧師を見ることはできるが、互いの席は見ることのできないような構造だ。しかも、大人の女性は家に閉じこもることが多く、見知らぬ男性が近づけるような社会ではなかった。つまり、人口の半分を占め、しかも母親として次世代の教育に大きな影響を及ぼす女性に布教するためには、女性の伝道者が不可欠だったのである。これがそもそもミッションで女性宣教師が必要とされ、さらにバイブル・ウーマンが雇われた主な理由である。

では、バイブル・ウーマン自身は、教育を受けるために長く家を空けたり、布教のために村々を自由に歩きまわったりしてもよかったのだろうか。バイブル・ウーマンは、年齢が四〇歳から五〇歳ほどで、また寡婦が多かった。この年齢では、おそらく子どもはもう自立できている。しかも寡婦であれば夫の束縛もない。前近代の中国の女性と言えば、差別され、抑圧されているという側面がしばしば強調されるが、このように、中年、老年期に入ってからかなりの自由を享受できる場合があったようである。バイブル・ウーマンは、そのような社会事情を利用した制度でもあった。彼らは通常は二人ずつで行動し、たとえば一八七九年七月のフィールドの報告によれば、それまでの三ヵ月間に、一四人のバイブル・ウーマンが二人ずつ組みになって一二七の村を回ったという。

バイブル・ウーマン

著述活動

宣教師としての仕事のほかに、フィールドは精力的に各種の著作を刊行した。中でも *A Pronouncing and Defining Dictionary of the Swatow Dialect, Arranged According to Syllables and Tones*, American Presbyterian Mission Press, 1883 は、全六一七頁に及ぶ本格的な潮州（汕頭）語辞典である。

そして、中国の社会を紹介するものとして、以下の著作を刊

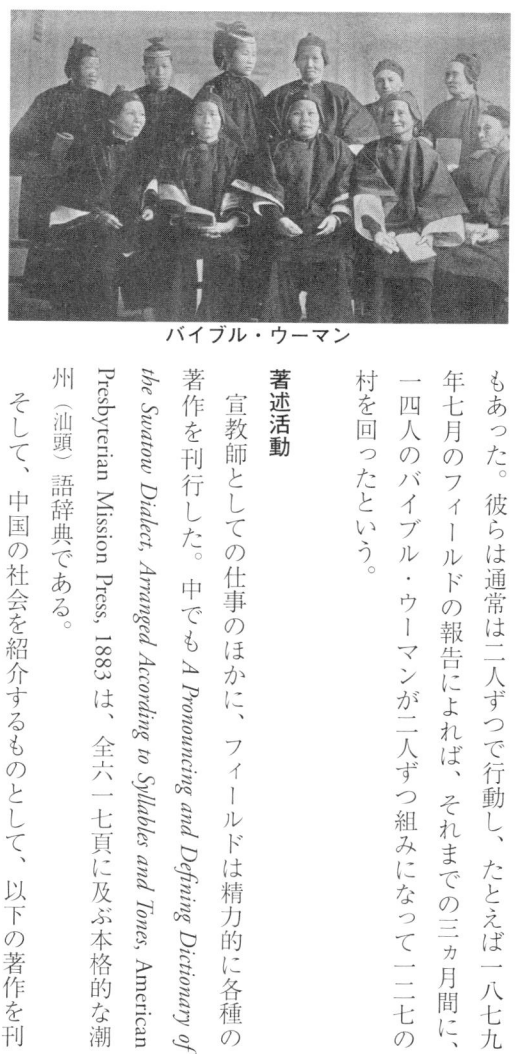

行した。

Pagoda Shadows: Studies from Life in China, W. G. Corthell, 1884.

本翻訳の原本。

Chinese Nights' Entertainment: Forty Stories Told by Almond-Eyed Folk, Actors in the Romance of the Strayed Arrow, G. P. Putnam's Sons, 1893.

「アリの起源」「猿のあやまち」「貝殻の中の男」「盗まれたニンニク」など四〇篇を収めた民話集。

A Corner of Cathay: Studies from Life among the Chinese, Macmillan & Co., 1894.

「中国の農村生活」「経済、家庭、そして個人」「孔子とその教え」「子どもたちの遊び」など、一六編が収められている。*Pagoda Shadows* が、いわば素材をそのまま提出しているのにたいして、この著作は資料を整理した上で、より概括的に中国社会の諸相を紹介しようとしている。

後者の二点はともにフィールドが中国を離れてから出版されたものだが、いずれも *Pagoda Shadows* と同じく汕頭滞在中に現地の人々から聞き取った話をもとにしており、書物から得た知識によっているのではない。たとえば *Chinese Nights' Entertainment* に収められた民話も、「文字の読めない人々が汕頭方言で語った」ものであり、「中国のゆっくりとした船で旅をし、またほの暗いそまつな家の中に腰を下ろしているとき、つれづれの慰めのために人々が著者に語ってくれた」ものだという（序文）。

庶民にかんする記録

中国では古くから大量の文献を蓄積してきているにもかかわらず、そこには大きな偏りがあり、庶民のことはあまり書かれていない。その点を補うひとつの史料が、外国人による記録である。日本を例に挙げれば、古い時期についてはザビエルやフロイス、ケンペル、近代ではオールコック、モース、イザベラ・バードなどの著作がよく知られている。これらの著作でとりわけ有用なのは、あまりにありふれているために本国人の意識に上りにくく、したがって通常は書き留められることのないこまごまとした事実が記録されている点である。*Pagoda Shadows* は、西洋人によって書かれた非西洋世界のそうした見聞録のひとつと言えよう。

たとえば本訳書第一部の「竹で出来た龍」に登場する若い女性「快」は、幼いころ、キリスト教に入信するために遠くの町へ出掛ける父親に、ミカン畑の見張りをするように言い付けられた。その三日間、藁葺きの小さな小屋に一人で寝泊まりして父の帰りを待ったものの、三日目の夜、恐くなってついに我慢し切れず、母の待つ家へ駆け戻る。そのころ、「宣教師が心臓と目玉を取り出して薬を作り、それを同胞の外国人に売る」といううわさがあったのだ。家に帰った父は「快」を叱ることもなく、その晩、二人は一緒にまたミカン畑の見張りに出掛けた。

これは幼い少女の生活のひとコマに過ぎないが、一九世紀後半の中国語（漢文）史料をどれほど精査してみても、どきどきしながら父親の帰りを待つ農村少女の心情をこの一文ほど丁寧に描写したものは、おそらく皆無だろう。

ただし *Pagoda Shadows* で描かれる女性の姿とその社会的境遇は、おおむね悲しいものであり、悲惨としか言いようのない話もいくつか見られる。たとえば四歳のとき父の知人の息子と婚約させられた女性は、美しく成長して一六歳になったとき、長年音信のなかった婚家に入った。ところがいつまでたっても夫が姿を見せない。召使いに尋ねると、大きなカゴで運ばれてきた。手足を動かすことができず、しゃべることもできなかった。急いで呼び寄せられた父親はそれを一眼見るや、「娘よ、これがおまえの運命だ」と書き付けを残し、そのまま立ち去った。婚約したときは賢くて元気な男の子であり、婚家に落ち度はなかったのだ。そののち娘は次第にやつれ、三年後に死んだ。

前近代の女性の境遇がかなり厳しいものであったことは、これまでもよく知られている。だが、ほんとうにそれだけだったのかと言えば、若干疑問が残る。本書に収録した民話「アリの起源」には、妻に頭の上がらないかわいそうな夫が登場する。これもまた、おそらく事実の断片を伝えていよう。こうした理由からこの民話を収録した。

フィールドが中国で過ごした一九世紀後半は、古い中国がまさに近代へ向けて胎動を始める時期にあたっていた。一八四〇年のアヘン戦争を契機として西洋諸国が中国へ進出しはじめ、キリスト教の宣教師も活動を本格化させる。さらに一八九四、九五年の日清戦争によって、それまで東アジアの小国にすぎなかった日本に打ち負かされ、一九一一年にはついに辛亥革命が伝統的な王朝体制に終止符を打つ。

このように、まさに大きな変化が起こりつつある中で、最底辺の農村部にそれでも色濃く残る伝統社会の様相を、フィールドは主に女性の眼を通して捉えた。そして、厳しい境遇に耐えてきた女性たちの一部はキリスト教を知り、女性伝道師となり、そこに一筋の生きる望みを見出す。ここに、「近代」との接点のひとつが現れる。自分自身そこに深く関わったフィールドは、中国の女性にたいする深い共感とともに、世紀転換期前夜の庶民の暮らしを詳細に書き留めたのであった。

ミッションを去って

一八七七年、在中国プロテスタント宣教師による第一回全国大会が上海で開かれた。代表の一人として汕頭地区から会議に参加していたフィールドは、「女性のための女性の仕事」の分科会で発言し、バイブル・ウーマン教育について体験を語った。ところが、その分科会の議長は女性が発言することに不快感を示し、分科会の最中、席を離れたままだった。この総会では、各種の分科会で正式な報告を準備した女性が四人いたが、出席していたにもかかわらず本人が登壇することはなく、すべて男性宣教師による代読であった。そして報告のあとの討論で発言した女性は、大会を通してフィールドただ一人だった。これが、当時のミッション社会である。

フィールドは、中国でバイブル・ウーマン教育に力を注ぐ一方で、実はシャム滞在中から、男性優位のこうしたミッション社会に異議を唱え続けた。自分だけの家がないこと、男性にくらべて少なすぎる給料などについてである。最初に宣教師となったときの給料はアメリカで教師をしていたときのちょうど三分の一であり、そののち最高でも三分の二に届かなかった。

そして一八八八年、科学雑誌 *Therapeutic Gazette* に衝撃的な記事を発表する。大麻であるハシッシュを吸ったときの精神状態を医学的に記述したものだが、フィールドはシャム赴任中にハシッシュを何回か試したことがあり、そのときの経験を公表したのだ。宣教師仲間の驚きは想像にかたくない。フィールドのある伝記研究者によれば、これは権威にたいする向こう見ずな挑戦であり、ミッション社会の息苦しさにもうこれ以上耐えられなかったのだという。

この年の夏は、とりわけ暑さが厳しかった。フィールドも健康を害し、診断を受けた他ミッションの宣教医から、とくに心臓に問題があると指摘された。彼女に同情した医師がわざとこのような診断を下した可能性もある。ともかくこうして、一八八九年に辞職し、長い宣教師生活を終えた。

アメリカに戻ったフィールドは、まずニューヨークに落ちつき、中国事情、政治、科学、社会問題などをテーマとする講演者として生計を立て、著述活動を行いながらニューヨーク市政の改革や婦人参政権運動などに深く関わる。他方で同時に生物学を本格的に学び、間もなくアリの研究に熱中した。その後、さまざまな社会活動に携わり、一九一二年にはシアトル公共図書館の理事に就任した。シアトルで女性が行政上の役職に就いたのは、これが最初であるとされる。そして一九一六年、癌のために七七年の生涯を閉じた。

目次

訳者まえがき――アデル・M・フィールドとバイブル・ウーマン ………… i
はしがき …… 1
序文 ………… 2

第一部　女性が語る女性の物語 ………… 7

小さなそよ風の物語　8
瑞おばさんの自伝　13
竹で出来た龍　17
（快の物語）　18
得金　23
（得金の物語）　23
林水　27
悲しみの一〇分の七を失う蘭　35
惜の決意　39
一晩の仕事　43
海賊の島に育つ草　46
錦　49
深みの外へ　54
朝霧　61

夕暮れの光　65
家の中の霊が、どのようにして家から追い出されたのか――容の語る物語　72
第二部　社会と習慣……93
女性の地位　94
子どもの生活――四男の物語　102
嬰児殺し　113
纏足　122
結婚式　128
姿を見せない花婿　135
住居　139
異教徒の風習の不便さ　143
心霊術　153
かまどの神　158
南隴教会を支える人たち　80
（蓮の物語）　82
（真宝の物語）　87
ある祝宴の起源　160
木彫りの裁判官　162
石の女神とその隊列　164
尼僧　172
講　175
私たちの薬屋　177
旅のあれこれ　180
中国人女性伝道師　192
言語、文学、民話　202

第三部　布教と女性信者……205
中国での布教メモ　206
孤児院　207
綉金の自伝　209
韓江をさかのぼる　212
地方での仕事　218
初めて神のことを聞く　219
汕頭での女性祈禱集会　220
民話「アリの起源」　223
図版一覧……231
訳者あとがき……232

中国東南部

譚其驤主編『中国歴史地図集』第8冊、暁園出版社、1991年にもとづいて作成。

潮州・汕頭周辺

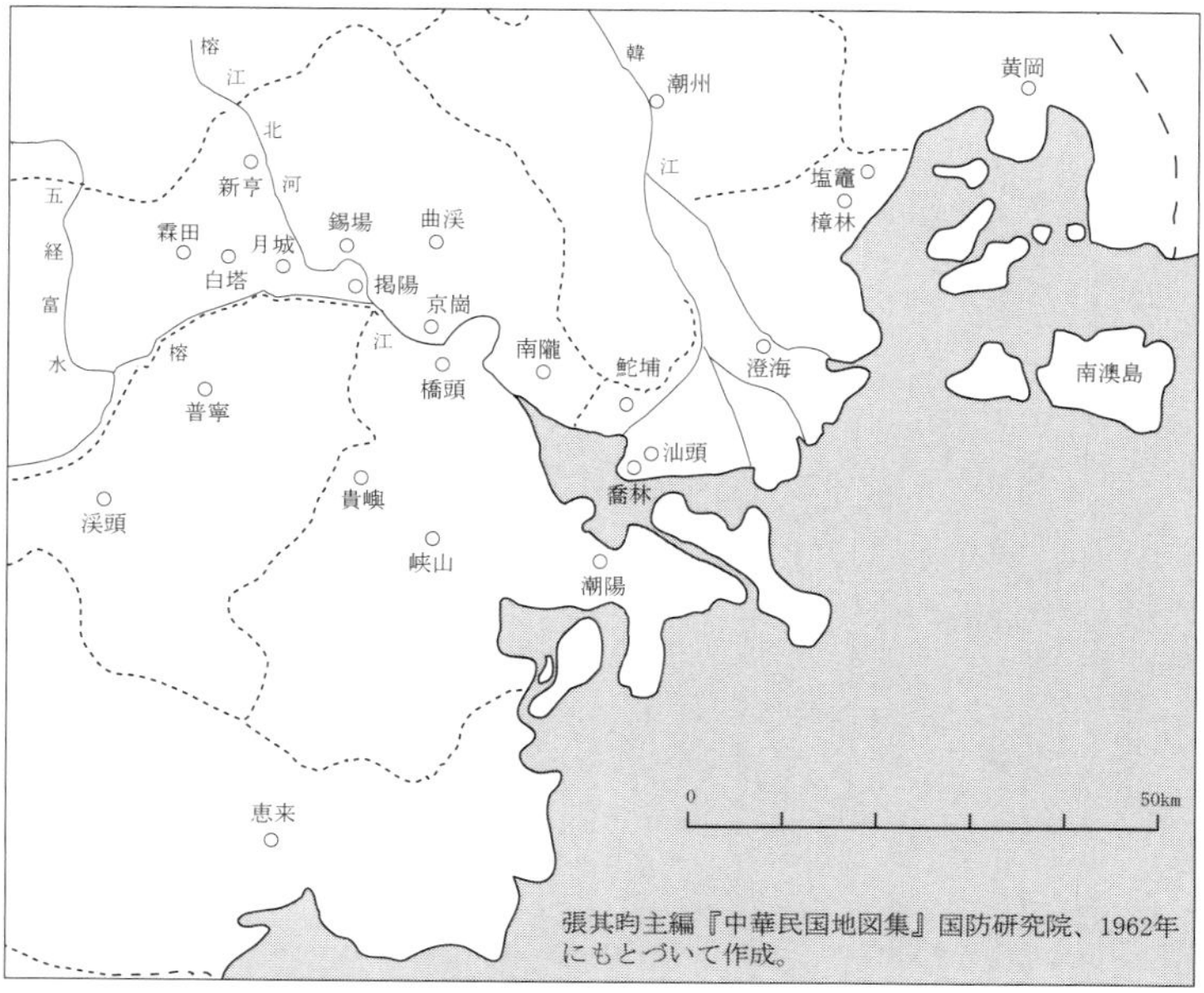

榕
江
北
河
韓
潮州
江
黄岡
塩竈
樟林
新亨
五
経
富
水
霖田
月城
白塔
錫場
曲渓
掲陽
京崗
江
榕
普寧
橋頭
南隴
鮀埔
澄海
南澳島
汕頭
礐林
貴嶼
渓頭
峡山
潮陽
恵来
0
50km
張其昀主編『中華民国地図集』国防研究院、1962年にもとづいて作成。

私がクリスチャンになるまで

清末中国の女性とその暮らし

はしがき

この調査は中国で暮らしていた一〇年間に行ったもので、その言語の知識と、その社会習慣を間近で観察できた機会によっている。これらの自伝と逸話は、著者が汕頭方言で聞き取った物語を正確に訳したものである。

A・M・F

ボストン、一八八四年九月

序文

世界旅行の途上で、中国を去ってオーストラリアへ向かうとき、手元に小冊子がいくつかあり、その中に中国人女性の自伝が含まれていた。その物語は、本書の著者であるフィールド女史によってキリスト教の歴史と信仰の光をもたらされた女性たちが、彼女に語り聞かせたものの正確な翻訳である。私はこの小冊子を、赤道を通過し、東インド諸島を経て南十字星へ向かう中で読んだ。熱帯の海のきらめきわたる紫色と空色、極楽鳥が巣を営む島々のとこしえの緑に囲まれながら、それらの物語を熟読した。そこに描かれた悲哀は、私が通りすぎつつある景色の輝きと鮮烈な対照をなし、私の共感をいつまでも捉えて離さなかった。

中国に近づくことによって中国が好きになった。その生命のいくつかのうねりを間近に見て、その中と、そしてそれをとおして、その下にある深みをのぞき込むことができた。そののち、時と永遠の岸辺で打ち砕かれる二億、三億のそうした多様なうねりの海が、私にとって新たな啓示となり、新たな声を発した。私はこの啓示を見失ったことはなく、この声を聞くのをやめたことはない。

フィールド女史の作品を世に勧めることができるのは大変うれしい。彼女が与えてくれるように、中国を間近に見ることによって、私と同じく他の人々も心を動かされることだろう。私は中国の史書や統計を数多く読み、中国の宗教や社会生活にかんする最良の情報源を吟味し、これまで中国の古典の翻訳を熟読してきた。だが、フィールド女史が中国の女性からじかに聞き取って書き上げた簡潔で生き生きとしたこの自伝は、私が道しるべとしてきた他のものよりも、中国人が望むものにたいする一層明瞭な眺望を与えてくれる。

もし旅人が見知らぬ人々を理解しようと思うなら、彼らの典型的な日常生活の生の物語を、数多く、細部にわたるまで書き上げてみることだ。私はオーストラリアからフィールド女史に手紙を送り、中国人の生活にかんして見本となる一〇〇の自伝的な物語を用意し、それが確かなものであることを示すことによって、中国の身近で鮮やかな光景をとおして世の人々に中国への興味を持たせてほしいと頼んだ。中国の心臓部からの一〇〇の自伝の束、さらに日本やインド、アフリカ、大海原の島々からの自伝の束は、大空というこの屋根の下にはただひとつの家族がいるだけだということを示してくれるだろう。

本書の中でフィールド女史は、中国の女性の生活に身近で生き生きとした姿を与えている。彼女の宗教的活動の方法には、女性の状態の向上を目指して中国の女性たちを奮起させる上で、独創的かつ非常に成功したものが多い。中国の女性がキリスト教を広めるために宗教的に働くことを教えられたのは、最近になってからだ。フィールド女史は、この新しい種類の働き手を導入した先駆者である。彼女は中国の女性に聖書を教え、彼らを伝道師として家から家へと送り出した。女性たちの成功は目覚ましいものだった。彼らは、その時点で彼らだけが接触することのできる世界に関わってきた。彼らは、アジアにおける女性のための女性の仕事がやがて現地の女性自身によって広く成し遂げられるという希望を、よみがえらせた。宣教師のそのほかの分野の仕事を低く見るのではないが、活動的で自活し、自ら教えを広めるキリスト教の力がこのように新たに発展していることは、いまだキリスト教化されていない国々の未来の可能性について、この上なく明るい予兆を十分に示していると言わねばならない。

中国の女性が悲しみと無力さを抱えていることについては、フィールド女史が痛ましくも的確に述べているとはいえ、彼らはある意味で、インドや西アジアの仲間よりも宗教上の改革を促進するのに適している。カースト制に抑え付けられているのではなく、通常、ハーレムによって品位を落とされているのでもない。アジア全域で、日本を除き、中国ほど女性が家庭で尊重されているところはない。

アジアを社会的、宗教的に再生させる任務の中でアメリカやヨーロッパの女性と手を組み合うことは、中国と日本の女性たちの崇高な義務である。フィールド女史は本書の中で、東洋の女性の手を西洋の女性の手に重ねようとしている。神は彼女と、そして神の聖なる目的のために働くすべての者たちに、その目的に値する最高の栄誉として成功を与えたもう。願わくば、東洋と西洋が地球をめぐって手を握り、それを神のみ胸近くに引き寄せ、神の鼓動、すなわち時代を超えた行進曲を響かせんことを。

ジョセフ・クック[*1]

ボストン、一八八四年六月二四日

＊1　ボストンの牧師であり、著名な説教師として日本、中国、インド、オーストラリアなどでも講演した人物と思われる。

第一部

女性が語る女性の物語

小さなそよ風の物語

小さなそよ風が生まれたとき、誰も喜ばなかった。中国の家庭では、女の子の誕生は許されることはあっても決して歓迎されない。近所の人たちは、男の子が生まれたときのように母親にお祝いを言うこともなく、触れないほうがいい不幸であるかのように礼儀正しくそれを無視した。しかしこの家にはもう男の子が三人いたが女の子はいなかったため、彼女は生かしておかれた。その子は、頭のてっぺんの左右の端に髪を二ふさだけ残して頭を剃られ、短い上着を着せられ、カゴに入れられた。カゴは屋根の梁からつるされたロープで揺れ、彼女はその中から自分の世界を眺めた。

それはとても小さな世界だった。家には部屋が三つある。左右の寝室と、さまざまな家事に使う真ん中の部屋だ。走り回るブタやニワトリ、そして戸口の前の幅六フィート〔一・八メートル〕ほどの通りを忙しく行き交う人々を、そよ風はカゴの中から眺めることができた。

もう少し大きくなったころ、伝染病に三回かかった。水疱瘡と天然痘、はしかで、小さなときにかかっておくべきだと母親も聞かされていた病気だ。十分回復するとすぐに、おさげを一本編んで背中にたらし、男の子のように短いズボンをはき、ゆでたサツマイモ*1の冷えたのを昼ごはんに持って、ほかの少女たちと一緒に枯れ草と枝を拾いに行く。家で調理をするためのものだ。カゴと熊手をさげて毎日岸辺や丘に遠出をするのは、とても楽しかった。鍋に焚き付ける物を採ってこないとガミガミ言われ、ぶたれたが、それでも空は青く、鳥たちがさえずっていた。

時折彼女は、あたりに見回せる村々は全部、自分が住む村のようなのか、その中の家は全部、自分の家のようなのか、そして人々はみな自分のように貧しいのか、と考えたりした。また、海には何か果てがあるのか、丘はどこまで続くのか、あの空の向こうには何かがあるのか……。だが誰もそれを知らなかった。

やらなければならない仕事がたくさんあったため、彼女の足は放っておかれ、縛られる前に、大きくて家族にとってみっともないものになりはじめていた。その痛みは恐ろしいほどのものだと分かっていたが、出歩くとき、「舟がふたつ通り過ぎていく」と近所の人に言われるのがもっと怖かった。そして、痛みがやむまでそれに耐え、両足は二度と真っすぐになることはなかった。遠くまで歩くことができないため、もう丘へ行くことはできない。

ある日、外国人が村にやってきた。それはとても不思議な男で、白い皮膚に青い目、そして赤い髪をしているという。みんな走って見に行ったが、彼女の足はどうしても速く進まず、見逃してしまった。

家族の服を作るために、母親を手伝って糸を紡ぎ、家族の衣類のための綿布を織った。また家族の食事のためにサツマイモや米を調理した。父と兄弟たちが食べてから、残ったものをそよ風と母親が食べる。小さな金色の像を拝む日もあった。それは、家の玄関を入って正面にある神棚に置かれている。ときには親戚の女性たちと村の廟[*2]の神様に線香をあげ、金色の紙[*3]を燃やしに行った。こうしているうちに一五歳になった。

そのころ汕頭の商人・林《りん》に、間もなく二〇歳になるウィーという弟がいて、適齢期だった。両親と祖父母は亡くなっており、林は昔ながらの習慣によって家長であり、ウィーにたいする亡くなった父の責任を肩代わりし、その代わりに子としての服従を要求していた。出っ歯のウィーは醜いだけでなく頭の弱い男で、林の店を手伝っていた。林の妻は召使いを欲しがっていて、ウィーの妻を見付けるために仲人を送り出すよう、夫をせきたてた。

その仲人は、近隣の村々の適齢期の少女をすべて知っており、そしてそよ風を品定めしはじめた。交渉は、互いには面識のない両家族の年長者が仲人を通して進め、ウィーとそよ風の婚約が決まった。花婿は自分の運命を聞いて逃げ出してもよい。中国の花婿はしばしばそうするのだ。しかし花嫁にそのような方法はない。たとえ反対しても、彼女の後ろには数百世代に及ぶ習慣があり、まわりには何百万という人々がおり、彼女の小さな声を押しつぶしてしまう。女性にとって何かほかの生き方があるということを、そよ風は一度も聞いたことがなかった。異議を唱えるための前例がなかった。

彼女は新しい服を作り、頭の頂の髪を、羽を閉じた蝶の形に結い、村を出て広い世界を見ることになった。それはとても面白いものだったろう。

赤い絹につつまれた二八ドル[*4]の結納金が林からそよ風の両親のもとに贈られ、親しさと祝福を表すのにふさわしい赤いカードを交わし、そして風水師[*5]が吉日とした日にそよ風は扉を閉じた箱型の輿《こし》に乗せられ、赤いショールで頭と顔を覆い、まだ見ぬ花婿の長兄の家に連れてこられた。そこで家の神々に礼拝し、自分の部屋に通される。そしてショールが取り払われ、自分の夫であるその男を初めて見た。出っ歯と愚鈍さ。見るやいなや彼女はすぐに男が嫌になった。

次の日、以前からの女友だちや、彼女を見たり、彼女について何か言おうとしてやってきた男や女が気の向くままにお世辞を言ったり、あれこれ詮索したり、からかったりした。

こうして奴隷の生活が始まった。兄嫁は権力を使うことに慣れておらず、容赦なくそよ風をこき使う。彼女は横柄で、そよ風を侮蔑し、惨めにした。ウィーもますます憎らしくなった。

花嫁と箱型の輿

そよ風の一歳年上の叔母が隣に住んでいた。三年前に婚約したものの、五年間家を留守にしている若い男の両親が、自分たちの家に連れてきていたのである。三年の間、彼女は年老いた夫婦に仕え、花婿となるべき人の帰りを待っていた。二年間は、彼から何の便りもなかった。男は逃げるようにして家を離れていたため、両親は彼がどこの国にいるのか知らなかった。父親は病気で愚かな男だ。母親は、病気の夫と家の世話を息子の婚約者に任せ、家族を支えるために牛を飼っていた。

そよ風とこの少女はよく会って話をしていたが、それが見付かると、やめてしまった。そしてある朝とても早く、祭のときの服を着て、自分たちの生まれた村に通じる道で落ち合った。どこへ行くのかと聞かれたとき、二人は「楽しい里帰り」と答えた。

間もなく二人の靴が、水田に水をひくための池のほとりで見付かった。そして息絶えた二人の体が、池の底から引き上げられた。

こんなに恐ろしい結末に至った事情について中国人に質問すると、しばしば返ってくるのは、女たちの間では自殺はありふれたものだ、という意見である。*6

＊1　この地方ではサツマイモがしばしば貧しい人たちの主食になったが、現在の日本で一般的な甘い品種ではなく、ほとんど甘みのないものである。

＊2　神様を祀る一種のほこら。天后、玄天上帝、三山国王、関老爺、慈悲娘娘そのほか、実に多くの神様が存在する。

＊3　死者があの世で使うためのお金。紙銭と言う。

＊4　原文は dollars。イギリス長老教会のギブソンは、その著書で使っている dollars を Mexican と説明しており、この地方で流通していたいわゆるメキシコ・ドルを指すと思われる（Campbell J. Gibson, *Mission Problems and Mission Methods in South China*, Oliphant, Anderson & Ferrier, 1902, p. 219）。

＊5　地勢や地脈などが人間に大きな影響を与えるという自然観を風水思想と言い、その知識にもとづいて墓地の選定その他を行う専門家を風水師と言う。

＊6　女性の自殺がよく見られたことについては、本書「錦」を参照のこと。

瑞《ずい》おばさんの自伝*1

私は、普寧《ふねい》*2の渓頭という村で生まれました。父は店主で、私は七人の中の末っ子でした。七歳のとき、家から一マイル〔一・六キロメートル〕のところにある南隴《なんろう》村の男と八ドルで婚約させられました。その男もその家族も、私は一度も見たことがありませんでした。家からは何も持っていかず、着の身着のままです。母と、婚約の仲介役をしていた仲人二人が私をその家へ連れていき、そして置いて帰りました。

私は飛び跳ね、母と一緒に戻ると言って泣き叫びました。義母は、これからは自分といるのがお前の家なのだから泣くな、と言います。夫の祖母は、なだめ、静かにさせるために私を背中におぶって歩きましたが、私は何年も泣き続けました。実際、自分自身の子どもが出来るまで、ほんとうに泣きやむことはなかったのです。

婚家には、夫の祖父、祖母、父、母、伯父たち、叔母たち、五人の兄弟、そして四人の嫁がいました。どの男が私の夫になるのか教えられました。ハンサムでしたが、すぐに嫌いになりました。私には歳を取りすぎているように見えたのです。九つ年上でした。

三年の間母親に再会することはありませんでした。母は、会えば私が泣いてむずかると心配したのです。私はいつも義母と寝て、昼間は紡ぎ糸を巻きました。年長者が紡いで布に織る糸です。食事時のほかは、夜明けから暗くなるまでこの仕事をします。食べるものはたっぷりありましたが、糸の巻き枠によりかかって居眠りをすると決まって鞭で打たれたものです。

年に一度、私が元気でいるかどうか兄弟の一人が見に来ました。でも、あまりたくさん話をすると家を恋しがるため、来ても数分いるだけです。一一歳のとき、父の家に戻って四ヵ月滞在し、その後、結婚するまで毎年同じようにしました。

糸紡ぎ、機織り、裁縫、煮炊きを習いました。その間ずっと、一度も婚約者に話し掛けたことはなく、彼も、私に何かさせるときだけ話し掛けてきます。一四のとき、義母に言われて彼の妻になりました。

糸紡ぎ

ご飯を炊き、ブタに餌をやり、家族のために他にも仕事をしました。

夫は、何であれ名前というもので私を呼ぶことはありません。私に何かして欲しいときは、「おい、お前」と言い、もちろん私のことを指しているのが分かります。一六歳で女の子が生まれ、そしてまた一人、また一人と生まれました。三人目は生まれたときに絞め殺しました。[*3] 私は怖くなってしまいました。そんなに女の子ばかり生むと憎まれるに違いないからです。それから、男の子三人に女の子がもう一人出来、四〇歳の時には子どもが九人になっていました。

夫は温厚な男で、私にそれほどつらくあたることはありませんでした。一緒に暮らした丸四〇年の間に、私を四、五回ぶっただけです。それは、夫の世話をするのに私がのろのろし過ぎていたり、叱られて口答えしたりしたときです。妻をまったくぶたない男は、中国では一〇〇〇人に一〇人もいません。

私は廟の神様をあまり信じておらず、めったにお参りに行きませんでした。ただ月に一度か二度、ときには三度、私と夫と子どもたちは、決まった日にその他大勢の人たちとよく山の頂に登って、天と地を拝んだものです。ときには月を拝みに行き、それがときには太陽、ときには雷の神でした。こちらの峰に登ったり、あちらの峰に行ってみたり、数年のうちにこの地域とそのまわりの高い峰をほとんど全部登りました。供え物のために毎回三ドルから一〇ドル使います。そのお金を作るため、夫が田畑の作物を売ったり、私が自分の太ったブタを一匹売ったりしました。ご飯、豚肉、お茶、マントウ、[*4] 果物、砂糖、パイなど、おいしいものは何でも持っていって、それを岩の上に豪勢に広げ、線香をあげて紙銭を燃やします。悪霊の遣わした大きなムカデが、何を持ってきたのか、どれほどの人がお参りに来たのかを見ようとして岩からはい出し、供え物の間を回り、また自分の穴に戻っていきました。

一人また一人と家族の年長者が、そして私の子どもも三人を残して全部死にました。私が五四歳のとき、それは一〇年前のことですが、夫も亡くなりました。それ以来、私は今までよりももっと山でのお参りに時間を費やしましたが、病気にかかり、体が弱くなりました。

真の教えを聞いていた甥の龍《りゅう》がよく会いに来て、神はただ一人だけだと言います。そしてその神はあらゆるところに存在し、太陽を昇らせ、月の姿を変え、風を吹かせ、雨を降らせる等々のことをするのだと。私は少しずつ甥の言うことを信じるようになりました。信じるようになるとすぐ、私は偽りの神々に祈るのに使っていた香炉を壊しました。私がそれを家の外に持ち出すのを見て息子たちは、そんなことをして恐くないのかと言います。自分で備え付けたものは自分で取りはらうことができると答えると、息子たちはもう何も言いませんでした。

私は体が丈夫になるようにと熱心に祈り、洗礼を受けました。そして次の聖餐式のシーズンになると、一緒に汕頭へ行くと龍に告げました。そのころ龍は普寧で唯一のキリスト教の信者で、その母と妻は、神を崇拝していると言って彼をぶったものです。近所の人たちは二人の肩をもっていました。[*5] 私は体が弱すぎるため汕頭へ行くことなど考えるな、と龍が言うのですが、私はベッドから起き上がり、四〇マイル〔六四キロメートル〕をゆっくりと歩き通しました。そこに着いたとき人々は、死んだ女がやってきたと言ったものです。

それ以来、私は普寧の村々で福音を説き続け、一日に一五から二〇マイル〔二四〜三二キロメートル〕歩くことができます。私が神のことを語るとき、じゃましようとする者は誰もおらず、信じない者たちは黙って聞いています。

＊1　一八七一年に洗礼を受けた杜瑞。バイブル・ウーマンの一人である。

＊2　汕頭へは北から韓江、西から榕江のふたつの川が流れ下っている。普寧は榕江の中流域に位置する県。

＊3　いわゆる間引きであり、前近代の中国では非常に盛んだった。アメリカン・バプティストの女性宣教師・ノーウッドも、「嬰児殺しは普通のことなので、母親たちはそれを行ったことを平気で口にする」と記録している。本書「嬰児殺し」を参照のこと。

＊4　餡の入らない蒸しパン。中国の主食のひとつ。

＊5　唯一神への信仰を求めるキリスト教は、中国の祖先崇拝や伝統的な神様を正面から否定し、通常、地域の住民と激しく対立していた。

竹で出来た龍

快の父は、これまでの中国人教会で最も完璧な信者かつ最もすぐれた伝道師の一人だ。[*1] 教えることの類いまれな才能をその父から受け継ぎ、彼女が異教徒の婦人たちの注意を何時間もつなぎとめているのを、私は見たことがある。まだ三〇歳前で、バイブル・ウーマンとして村で仕事をするには若すぎるが、地方のステーション[*2]に出掛け、礼拝堂に集まる女性たちにじょうずに話し掛け、女性に文字を教える手伝いをしている。彼女は、聖書の物語をどのように語るのかをほかの女性たちに示す上で、非凡なこつを心得ている。中国の子どもたちは、同年齢のアメリカの子どもたちよりも見掛け上ずっと幼い。

（快の物語）

私の家は汕頭から二〇マイル〔三二キロメートル〕北にあり、父が信者になったころ、私は外国人というものをまだ見たことがありませんでした。父には友人がたくさんいました。真実を人々に示す巧みなやりかたを心得、的を射た方向を見分ける能力は不思議なほどで、そのために人々

快とその生徒

が助言を求めて大勢やってきて、たいてい、その助言には従う価値があると納得して帰っていきました。父はもめごとを解決したり、仲たがいを仲裁したりするのがじょうずで、信者になるまで、とても敬愛されていました。

そのとき私はとても幼かったのですが、この新しい宗教のために父がほかの人たちの好意や尊敬を失っていくのを見ながら不安になったことを、まだ覚えています。父はイエスを信じるようになるとすぐに、他の人たちへのイエスの飽くことのない伝道師になりました。道でたまたま一緒になった人に誰彼となく神の話をし、夕方、自分の家の戸口で説教をして隣人を悩ませ、道端や小屋に腰を下ろし、夜遅くまで教えを語ったのです。しつこく人々につきまとって教えを勧め

たため、近所では私のことをあざけって「神の子」と呼んだものでした。

私が一三のとき、父は汕頭へ行って信者になろうとしました。我が家にはミカン畑があり、それで生計を立てていたのですが、果実を泥棒から守るために絶えず見張らなければなりません。畑は家から一マイル〔一・六キロメートル〕のところにあり、父が大切に世話をしていました。私は一人っ子で、父のことが大好きだったため、たいていは一緒にミカン畑にいました。夜寝るための藁葺きの小さな小屋があり、畑にはぐるりと垣根がしつらえてあります。

父は私に、留守の間畑を見張るように、たぶん三日間になる、と言いました。私は怖くなりました。理由はふたつです。まず、畑に一人で残るのがとても恐ろしかったこと。もうひとつは、宣教師に会いに行った人は決して誰も戻ってこないだろうと、近所の人たちが言っていたからです。会いに行った人は心臓と目玉を取り出されて薬にされ、宣教師がそれを高い値段で同胞の外国人に売るというのです。[*3]

私が心配しているのを見て父は、近所の子どもが一人、一緒に泊まってくれると言いました。私はよくよく考えて、一人で見張ることにしました。もし泥棒が来なければ助けはいらないし、もし来て、もう一人の子が恐くなって叫び声を上げれば、子どもたちしかいないことに泥棒が気付き、畑を荒らします。私が一人で静かにしていて、割れた碗のかけらをふたつ打ち合わせ、入り口全部に石を投げれば、武器を持った大人がいると思って泥棒は逃げていくでしょう。こうして私は母に留守番を任せ、食べ物を持ってミカン畑へ行きました。それは汕頭へ向かう道沿いにありました。

その日は土曜日で、父は月曜には戻ると言います。まるで三年後に戻ると言われているような気がしました。また父に会えるだろうか、父は戻ったとき私に会えるだろうか、と心の中で思いをめぐらせましたが、一言も口には出しませんでした。私は泥棒が入ってきそうなところに全部、瓦のかけらを置きました。誰かがその上に乗ればザクザクと音が聞こえます。それから投げるための石を集めて小さく盛り上げました。そして陶器のかけらを脇に置いて、誰にもじゃまされずに小屋で寝ました。

月曜日、汕頭へ通じる道に面した垣根に小さな穴を開け、父がやってくるのを一日中見張っていました。午後遅くなってくると私は泣き出し、夜にはもう我慢ができなくなりました。畑を運に任せ、誰かに見付かって畑に見張りがいないことを悟られないよう気を付けて、私は家に走って帰りました。そして母の膝に飛び込み、「お父さんが帰ってこない。近所の人が外国人について話していたのは本当なんだ」と言いました。ところがすぐに父が戻ってきて、私は、「もう少しだけ畑にいたらお父さんに褒められたのに。畑の見張りを放り出して、お父さんは不機嫌になるだろう」と思いました。だが父は一言も私を叱らず、一緒に畑に戻りました。畑は無事でした。

このあち、父は説教を続け、母と隣人の何人かが信じるようになりました。読み書きのできる女の人が近くに住んでいて、赤い紙で人の姿や花を切り抜くのがうまく、影絵芝居の人気のある語り手でした。そのため村でとても好かれていました。父はその人の所へ行って、真の神のみを奉ずることの大切さを語りましたが、彼女は、文字の読めない人間が、学者として知られている自分のところへ物を教えに来ると言って腹を立てました。私たちの以前の友人たちは彼女の肩を持ち、父はこれまでにまして笑われました。だが説得を続け、彼女はついに息子を汕頭へやって宣教師に会わせ、彼らが何を語っているかを聞きました。彼女は今ではバイブル・ウーマンの雪[*4]で、その息子は伝道師の宝生です。

ミッションの女子学校の生徒たち

私は一四歳のときに洗礼を受け、ミッションの学校で読むことを学びました。学校に行く前に、ほかの女の子と同じになるように足を縛りたかったのですが、父は、足を縛ると言い張るなら手も縛らないといけない、と言いました。[*5] 学校へ通うようになってから、足の自由なことがとてもうれしかったものです。今では私の夫は自然な形の足に賛成しています。

私はよくいろいろな村へ信者の女性を訪ねに行き、神のことをそれまで聞いたことがなかった人たちにも、真の神の話をよくします。何週間か前、私はアムチョイにいたのですが、どこかで儀式に使われたような大きな竹の龍が上流から流れてきて、口を村のほうに向けて土手にひっかかりました。それは人々が持ち寄った竹の小枝で出来ていて、大きな鼻とぎらぎら光る目が付き、はでな色に塗られ、とても恐ろしいものでした。

何度も意見を求められて、易者たちが、それは水の中に居たがっていると言うと、うやうやしく川の中に降ろされ、陸に居たがっていると言うと、廟に引き上げられてたくさんの供え物が信心深く捧げられ、礼拝されました。ある晩、流れに乗って龍がアムチョイにやってきたのです。住民はみな恐怖にとらわれました。それが悪疫を引き起こし、病気が付近に蔓延すると考えました。人々は私に、龍がどんな災いをもたらすのか話し、ある女の人が、その恐ろしい物をこっそり見に連れていってくれました。そこには病人の友人たちがいて、怒りを静めるための供え物をして、捧げる儀式が終わると、慈悲に富んだ神々への捧げ物をいつものように自分たちで食べるのではなく、それを放り投げました。誰も龍に触れようとせず、土手から押し出そうともしない。唯一安全なのは、ブタ肉やアヒル、果物を持ってくることで、そうした供え物と礼拝によって、病気が起こるのを抑えることができると考えられていました。私は、龍を見に連れてきてくれた女の人に、真の神ただ一人がいるだけで、それは目に見えず、自分に仕える人々を龍やいろいろな魔物の力から守っているのだと教えました。そしてその全能の神に祈ったあと、私は傘で龍に穴をあけ、岸から押しやりました。見物人たちはびっくりしてしまい、そのあとで大勢の人が、私を守っているその神について話してくれと言ってやってきました。

*1　ミッションに雇われて布教に携わり、外国人宣教師の助手的な役割も果たした中国人。

＊2　地方における布教の拠点。
＊3　一九世紀の後半には、宣教師が子どもを誘拐し目をくり抜いて薬や銀を作っている、といううわさが中国に広く流布していた。
＊4　一八六三年に四五歳で洗礼を受けた陳雪花。
＊5　ミッションは、信者に纏足をしないことを求めた。

得金[＊1]

以前は文字を知らなかった四二歳のこの女性は、一〇ヵ月勉強して賛美歌を一〇〇と、四つの福音書[＊2]すべて、そして使徒行伝を流暢に読むようになり、また読んだものをほとんどすべて暗記して語るまでになった。

（得金の物語）

私は、子だくさんの家庭の二番目の子どもで、長女でした。兄は来宝という名前で、私は得金。すばらしい少女は結納金一〇〇〇ドルの価値があるという、詩的な考えにもとづいています。私たちは住民四〇〇人ほどの小さな村に住んでいました。とても小さいので静かで、芝居[＊3]が年に二

村はずれの小さな廟

回あるだけです。ひとつは一月、もうひとつは一二月です。村の長老が役者の一団を呼んで、屋根付きの舞台が広場にしつらえられ、衣装を入れる赤い箱とむしろで脇と後ろの壁が作ってありました。正面は観客席に向かって開け放たれています。芝居は午後いっぱいと、そのあと夜まで続き、神様たちを喜ばせるために上演され、神様の都合のいい日取りも、あらかじめ神様にお伺いが立ててあります。

芝居はもともと神様を喜ばせるためのものなのですが、村中の人たちと、近くの村からも大勢が見物に来ます。上演費用は七ドルから二〇ドルで、役者の技量や披露される衣装の豪華さによります。村の男全員と、既婚の女性への割当金で支払います。割当金男の子は生まれて数日であっても割当金を払いますが、未婚の少女は勘定に入りません。割当金はしばしば家族一人につき三、四セントにもなります。

私たちの村にはありませんでしたが、村のすぐ外に廟があって、この周辺の中心的な神様がそこに鎮座しているとされていました。神像はなく、石の上に線香用の香炉が置いてあるだけで、上に小さな屋根がかかっています。これが何の神様なのか聞いたことはありませんが、どこにでもそこ特有の神様がいました。このほかに、台所の神や、新月と満月、八節、[*4]さらにそのほかの時々に拝む神様があり、一年に四〇回も拝んでいました。私がまだ幼かったころ、母が拝み方を教えてくれました。まず私をかたわらに立たせ、母がどうするのかを見せて、そして同じようにさせました。

結婚すると、私は錫場《せきじょう》*5に住むようになりました。人口二万人の町です。たくさんの神様を祀った大きな寺廟が三〇から四〇もあり、裕福で強大な一族がたくさん住んでいました。私が結婚した家は金持ちで、そのころはとても快適な生活でした。夫は六人兄弟の末っ子で、一九歳でした。

結婚してすぐに錫場で宗族《そうぞく》の械闘《かいとう》*6があり、私たちの住んでいる通りの片側の住民が、反対側の住民といっせいに戦闘状態となり、そこで私たちはドアをみな物でふさぎ、安心して外出することもできません。こうした械闘によって家族の財産が浪費され、さらに病気によって家族の者が弱っていきました。私には子どもが一〇人、男の子七人と女の子三人がいましたが、息子一人と娘一人が生きているだけです。夫は、私たち一族のふたつのグループ*7が起こした戦いで負傷し、けがの治療法を霊媒師に相談すると、すぐに国外に出ない限り決して良くならないだろうと言われました。夫は旅費として一ドル持っただけで行ってしまい、それ以来、音沙汰がありません。

八年前、知らない女性が知人の代理人として、私の娘を別の村の若者と婚約させる相談にやってきました。この女性が私にほんとうの神様のことを語り、ほんとうの教えを聞くには、一リーグ〔四・八キロメートル〕ほど離れた県城*8のどこへ行けばよいのか教えてくれました。その後、彼女に聞いた礼拝堂を二度訪ねましたが、たまたま平日で、私が知っているその女性を見付けることもできなかったため、中には入りませんでした。

娘が結婚してからは、年二ドルで借りた部屋で小さな息子と二人だけで暮らし、一ヤード〔九〇センチメートル〕二セントで綿布を織って暮らしを立てました。糸は持ってきてもらいます。これで日に平均六セント稼ぎました。

三年前、ある教会員と知り合いになり、いつが日曜日なのか教えてくれたので、息子を連れてまたあの礼拝堂に行ってみました。どんな天気でも通い、節約することを知らないと言って隣人たちにあざ笑われました。仕事を休み、船賃を払って、そして雨で服を汚し、その一日のために二日分の稼ぎを失う、と。でも私は通い続け、礼拝堂で五ヵ月間説教を聞き、洗礼を受けました。

息子は、遊び仲間がしつこく誘っても芝居に行こうとせず、私が福音を説きに行くときは、息子も説教をしようとします。この前、生まれ故郷の村に滞在していたとき、そこの女性たちが、真の神様について教えに来てくれるならほんとうに信じる、と言いました。丘の間に小さな村が何十もあり、私の足は縛っていないのでそこに行くことができます。そこの大勢の女性たちは、ほんとうの教えを聞けばそれを信じると思います。

＊1　一八七六年に四〇歳で洗礼を受けた李得金。バイブル・ウーマンの一人である。

＊2　『新約聖書』の冒頭に置かれた「マタイによる福音書」、「マルコによる福音書」、「ルカによる福音書」、「ヨハネによる福音書」。

＊3　神様に奉納するための村芝居である。本書「子どもの生活――四男の物語」を参照のこと。
＊4　立春、春分から冬至までの八つの節気。
＊5　掲陽県城北の川沿いの町。
＊6　宗族は同族組織。広東省や福建省では同族がしばしばひとつの村や地区を形成し、土地争いなどで互いに武力闘争を繰り広げていた。これを械闘と言う。その費用のために住民によく割当金が課された。
＊7　おそらく、宗族内の家系上の分枝を指す。こうしたものを「房」と言う。
＊8　地域は県に分かれ、その中心的な町が県城。中国の町はいずれも城壁で囲まれていたため「城」と言う。
＊9　芝居は中国のさまざまな神様に捧げるものであったが、一神教であるキリスト教は他の神への崇拝を禁じていたためである。

林水[*1]

私の名前は林水。五四歳で、もう四年間バイブル・ウーマンをやっています。今では主以外に近い親戚はおらず、この仕事のほかにはすることもありません。三〇年前、主が最初に福音をお遣わしになったとき私がそれを受け入れていれば、そのころ持っていて大切にしていたものを、きっともっと保ち続けていたでしょう。しかし、私がしがみついていたこの世の物事を主が奪い去って私を懲らしめるまで、その教えを心に留めることはありませんでした。

父は魚の商人で、手広く商売をやっていたものの、私が三歳のとき亡くなりました。兄弟が五人と姉が一人いましたが、他の兄弟よりずっと小さかったため、私は家族のお気に入りでした。長兄は科挙の勉強をしたものの、読書よりも絵を描くことが好きだったため試験に落ちました。二番目の兄が誰よりも親孝行で、母が部屋に入ってくるとすぐに椅子から立ち上がり、母がそこにいる限り立ち続けていました。またとても才能があり、わずか一四歳のときから科挙の試験を受けはじめ、一八のとき最初の試験[*2]に合格しました。そして人に教えながら、より高い学位をめざして勉強していましたが、それを手に入れる前に、二五歳で死にました。

下の弟たちは田畑を耕していました。家族の中には学者が二人いましたが、私は、読むことを教えてもらうことはありませんでした。女の子は、ただ一人いるだけで、しかも父親が面白半分に教えるのでない限り、読むことを教えてもらえないのです。

母は私より四四歳年上で、いつもとても優しくしてくれました。私は一三歳のときに足を縛りましたが、夜になって痛むと、母は包帯を緩めなさいと言ったものです。縛った足は、じっとしているともっと痛みます。

一四歳のとき、家から一リーグ〔四・八キロメートル〕のところにある樟林《しょうりん》の町[*3]の若い男と婚約しました。近所の老女が仲人になり、準備が全部整うまで両家の間を行ったり来たりしていました。未来の義母は、私が家族に幸運をもたらすかどうかを、前もって念入りに確かめました。私が生まれた年、月、日、時間を調べ、盲目の占い師に相談して望ましい答えを得ると、ふたつに割った竹の根[*4]を放り上げながら、落ちて吉兆が出るまで家の神様に祈ります。そして廟の神様に捧げものをして、吉凶を解釈する人が神様の黙認のしるしを出してくれます。そのあと、吉日とされた日に、赤い紙に包んだ一四ドルを仲人が持ってきて、母が受け取りました。これによって契約が整い、関係者は誰もそれを反故にできません。私には相談はなく、誰も何も言ってくれません。ただ話を漏れ聞き、あえて尋ねることはできませんでしたが、何が進行しているのかはよく分かっていました。

一七のとき吉日を選び、さらに一四ドルが母に支払われ、私は義母の家に連れてこられました。婚礼用具一式を整えるために、母は何ヵ月も忙しくしていました。たらいが二つ、大きな行李が二つ、服を入れるための丈夫な布のカバンが二つ、大きな赤い提灯が二つ、木綿の厚い掛け布団、枕、夏と冬用の衣類が六〇着、刺繡の入った靴、金メッキを施した銀の髪飾り、腕輪、そして耳飾りです。私の装身具は二〇ドルの価値があり、道具は全部で六〇ドル以上掛かりました。母がそのときくれた掛け布団と上着がひとつ、まだ手元にあります。装身具は娘にあげました。ただ腕輪一組は、樟林の礼拝堂で私たち信者が暴徒に襲われて殴られたとき、*5 手首からもぎ取られてしまいました。

もしとても貧しければ、娘が結婚するときには服のひとそろいかふたそろいを与えるだけです。金持ちなら、結納金の額よりもっとたくさん持たせます。娘に一〇〇〇ドルの婚礼用具を持たせた男を知っています。そこには水田も入っていました。

私は家を離れることが心配で、嫁としての義務を尽くせないのではないかと不安でした。そのため新しい服を見てもうれしくありません。でも女の子というものはみな結婚しなければならず、もちろん私もそうです。[*6]

結婚の前日、母は花を一二種類集めて水の中に浸し、次の朝、私はその水で体を洗うと、新しい服一式で身を包み、義母が裕福な役人から借りてこの日のために送ってくれた美しい上着を羽織りました。そして箱型の輿に乗せられ、それが持ち上げられると、母は緑豆

娘に会いに行く母親

を浸しておいた水を手に取って、幸運を祈って輿の上に掛けてくれました。仲人だけが義母の家までついてきます。彼女は三日間とどまって私の身の回りの世話をして、帰っていきました。仲人は、この取り決めで果たしたいろいろな役割にたいして、義母から二ドル、私の母から一ドル受け取りました。

三日後、母は甥を使いに出して髪油をひと瓶持ってこさせ、私の様子を尋ねさせました。ひと月が過ぎようとするころ、甥がまた、造花と炊いた米ひとカゴを届けに来ました。四ヵ月目の終わりには母が輿を寄こしたので、母のもとに出掛けて一緒に朝ごはんを食べました。娘に子どもが出来るまでは、結婚した娘を母親が訪ねるのは習慣に合いません。子どもが生まれると、義母

が母親を招待しに行くことになります。

夫は私より七つ年上で、その兄嫁はもう家に連れてこられていました。家には寝室が三つあり、ひとつは義母、ひとつは兄とその嫁、そしてもうひとつが夫と私のためのものです。そのほかに共通の台所と居間があります。夫の父親は亡くなっていました。普通の嫁がするように、私はご飯を作り、縫い物をし、洗濯し、布を織り、ブタを飼いました。子どもが四人、男の子二人と女の子二人が生まれました。しかし男の子一人と女の子一人は幼いとき死んでしまい、義母も私が二一歳のとき亡くなりました。

三〇年ほど前、一番下の弟が宣教師の説教を聞いて信者になりました。弟はよく私のところへ神の話をしに来ました。そして私に理解させようとして汗が頬を流れ落ちるまで真の教えについて説明するのです。彼は何度も何度もやってきました。その話はほんとうのことだろうと思いましたが、私の心は昔の神様にしがみ付いたままで、また、友だちが従っている習慣を守りたいと思いました。頭では真理を受け入れても、心がそれを拒絶したのです。神はいろいろな方法で人々を悔い改めさせます。夫の商売がうまくいっていたら、私は決して主に向かうことはなかったでしょう。

私が三四歳のとき、夫が積荷の商品を持ってシャムへ行きました。[*7] ところがそこでアヘンにふけり、すぐに金を失い、二度と帰ってきませんでした。私は懸命に神様に捧げ物をして、その前で焚く紙銭と線香のために毎年一〇ドルも使いました。夫からいつ手紙やお金が送られてくるのか占い師に尋ね、ある日にちをよく告げられました。そこで私は戸口に座りこみ、手紙がやってくるのを待ち構えました。手紙配達人[*8]のように見える人が近づくたびに、心臓の鼓動が高まります。そして手紙がないことが分かると、家の中に入って泣いたものです。

神様に信心とお金をたくさん捧げ、しかしいつも失望させられることが分かってから、弟の神がもっといいかもしれないと考えるようになりました。私は弟のところに行き、「これから神を崇拝することにする。でも、きっと私に反対し軽蔑する人がたくさんいるだろうから、こっそりと拝むだけにしたい」と言いました。弟は、キリストに帰依する人はみな、人々の前でそれを告白しなければならないと言います。私は家に戻るとよく考え、樟林の信者数人と一緒に日曜ごとに礼拝に通うようになりました。

私が信者になるつもりだと知ったとき、息子は当惑のあまり泣き出しました。以前はとても仲のよかった義姉は私をひどく嫌い、私が礼拝堂から戻ると戸に鍵を掛けて中に入れないようにしました。信者になるのは、ほんとうにとてもやっかいなことです。

息子は一八歳になったとき、アヘンをやめさせることができるかもしれないと思って、父親を探しにシャムへ渡りました。次の年、私は四一歳でしたが、教友何人かと一緒に樟林から汕頭へ洗礼を受けに行きました。こっそり行かねばなりません。前の晩に、旅行のための米や現金と一緒に着替えを礼拝堂に送り、朝早く家を出て、道で信者の仲間と合流しました。樟林に戻るまえに義姉が一族の長老四人のうち三人のところに行って、私のしたことを告げました。長老たちは、川岸で待ち伏せして私が渡るところを捕まえ、川底に押し付けて殺してしまうことにしました。[*9] 私が汕頭に出掛けた理由というのは話すのもおぞましいものだったのですが、義姉が四人目の長老のところへ行ってみると長老は、外国の教師は力を持っており信者を殺せば面倒なことに巻き込まれる、と言いました。[*10] こうして私は命拾いをしました。

家に着いてみると義姉にののしられたものの、それだけでした。義姉は、私が家で福音の話をすることを決して許さず、それを信じている人が訪ねてくることも許しませんでした。私の娘は通りをほんの数本隔てたところに住む家族に嫁ぎ、その義母はとても親切で、私が病気になったとき娘が世話をしに来てくれました。

息子はシャムで商売を始め、それから香港までやってきて、そこから二〇ドルと、会いに行かない親不孝を許してくれという手紙を送ってきました。その船はすぐシャムに戻ることになっていて、息子も一緒に行かねばなりません。ところが香港を離れたすぐ翌日に船が難破し、乗っていた人はすべて亡くなりました。

この知らせを受けたとき、私は人前では泣きませんでした。まわりの異教徒が、私の神は良い神様ではないと言うのが怖かったのです。同時に、神の意思に従う見本を弱い信者に示さなければならないと思いました。この悲しみは耐えられないほど大きかったのですが、それを心の中に閉じ込め、今日まで決して誰にも、それがどれほどのものだったかを話したことはありません。

今では、私が心を置くものは天国への望み以外に何もありません。私はとても苦しんできましたが、その苦しみがなければ救われることもなかったでしょう。私は体が丈夫で、まだ何年も生きると思います。大勢の人を導いて主を信じさせることができさえすれば、それがこの世で私にとって十分な喜びになるでしょう。

＊1 一八六六年に三八歳で洗礼を受けたバイブル・ウーマン。

＊2 科挙は、地方で行われる郷試、北京の会試、そして皇帝の前で行われる殿試の三段階に分かれていた。

＊3 汕頭東北方の澄海県に位置する港町。近代になって汕頭が発展するまでは、ここが中国の沿海各地や南洋に向かう主要な港となっていた。

＊4 神意を占う道具の一種、ポエ。三日月もしくはクロワッサンのような形状で、片面は丸みをおびて盛り上がり、反対面は平らになっている。通常は赤く塗られ、ふたつ一組で使用する。

＊5 一八六四年および一八七五年に、樟林の礼拝堂が暴徒に襲われる事件があった。

＊6 女性は結婚するものというのが当時の常識だった。アイダ・プルーイット『漢の娘』(せりか書房、一九八〇年)に登場する老婆も、三五歳になっても結婚しようとしない孫娘を、「どうも初耳だ。家族は何よりも大切だから、女は誰も夫と子どもを持たねばならぬというのが常識で、……」と嘆いている（二四四頁）。

＊7 潮州地区からの移民が主に向かったのが、シャムつまり現在のタイや、マレーシアだった。

＊8 海外華僑との通信や送金は知人に託すか、あるいはこの地方で「僑批」と呼ばれる為替金保証書を用いて行われた。

＊9 当時にあっても殺人はもちろん違法だが、宗族内では独自の刑罰や、さらには処刑さえ行われていたとされる。

＊10 信者が私的なこまごまとした問題で住民と争う場合、宣教師は信者のためにしばしばイギリスやフランス

の領事館を通して裁判に介入した。

悲しみの一〇分の七を失う蘭[*1]

私の名前は蘭。二八歳で一年前から信者です。家は白塔[*2]にあり、生まれて二ヵ月のときからずっと、そこで義母と暮らしています。父は農民で、私を育てることはできたのですが、生まれてすぐに盲目の占い師[*3]が現れ、私を家族から引き離さない限り二歳年上の兄が死ぬだろうと母に告げたのです。盲目の占い師はどこでも見掛けます。目の見える子どもに引かれ、小さな鉦《かね》をならして自分たちが通ることを人々に知らせながら、あちこちを旅して歩きます。占い師に相談事をしたければ戸口に呼び、生まれた年、月、日、時間を告げます。すると時を計算し、何が起こるか教えてくれます。病人は、自分はいつよくなるかと尋ね、遠くに出掛けた親戚のいる者は、外国からいつ手紙やお金が届くのか尋ね、旅に出ようとしている者は出立の吉日を知ろうとします。そして子どもに何が起こるのか知りたければ、その運命を予言させるのです。占い師は、心配そうにしているその人に二言三言助言をし、報酬として一セントの一〇分の三を受け取って立ち去ります。

こうして私の両親は、私と別れねばならないことを知りました。二人は私を行かせるのがとて

盲目の占い師

もつらかったのですが、男の子は女の子よりもずっと大切だったため、私を手元に置いて兄の命を危険にさらすようなことはできません。私を白塔の、幼い子どもを失ったばかりの知人に譲り、私はその末の息子の将来の嫁として育てられました。そのときその子は五歳でした。こんなに小さな女の子にはなんの価値もありませんが、こうした取引はお金で締めくくらなければならないため、知人は母に対価として二セント払い、私は彼女のものとなりました。

義母には子どもが全部で一二人いましたが、生き残ったのは私の夫ただ一人でした。義母の夫はアヘンを吸い、子どもたちが稼いだお金を使い果たし、そのために息子の一人は絶望して首をくくりました。

義母は、わずかですが、自分の持っている一番いいものをいつも私にくれました。私はたくましく、大きくなっていき、八歳のときには料理、糸紡ぎ、田植え、そして水田に水を入れる水車を回す手伝いができました。一五歳のとき、吉日とされる日に自分の部屋に床神《とこがみ》*4を祀り、夫と暮らしはじめました。何年かたって息子が二人出来ました。義父が死に、私たちの家の建っている土地が誰か他人のものだということが分かりました。持ち主は家を取り壊し、穀物干し場にしました。私たちはなけなしの田畑を四〇ドルで質入れし、このお金で家を二つ建てたものの、そのあとすぐ、雨の多い季節に崩れてしまいました。[*5]

三年前、村の男が一人、信者になりました。そしてすぐにバイブル・ウーマンが二人、その家に立ち寄るようになりました。義母と私は子どもを連れて夕方よくその話を聞きに行きました。

灌漑用の水車

私の夫も聞いて、三人は同時に信じるようになりました。ある日曜の朝、義母は五マイル〔八キロメートル〕離れた霖田《りんでん》[*6]の礼拝堂に行き、夜中に戻ってくると、まっすぐ床神のところに行き、戸からそれをはずすと放り投げてしまいました。[*7]

その後、惜[*8]という名のバイブル・ウーマンが家にやってきて、お祈りのあと、家にただひとつ残っていた、祖先から受け継いだ神を取り外して付属品と一緒にカゴに入れ、それを義母が川に持っていって捨てました。[*9]

私自身の父と母は、私が信者になったと聞いてそれはひどく嘆きました。母は泣き、父は四日の間物がのどを通りませんでした。二人がどれほど悲しんでいるか、叔母が知らせに来ました。二人はこの新しい宗教を捨ててほしいそうです。

私は叔母に、ほかの頼みなら何でも聞くが、この宗教だけはやめることのできないものだと伝えてほしい、と言いました。

昨年、夫は景気が悪いのを見て外国で何か稼ごうと思い、マニラに渡りました。行く前に、もし信者でなければしたような、占い師を呼んで吉日を見付けることや、お守りとして胸に付ける線香の灰の小袋を寺にもらいに行くことはしませんでした。そうではなく、私たちは子どもと一緒に跪き、夫の留守の間私たちを守り、家を離れている夫にご加護があり、安全に戻ってこられるよう神に祈りました。

先月、一一歳の一番上の息子が洗礼を受けました。四ヵ月前にその子は教会に入りたいと言っていましたが、私は洗礼のことは知りませんでした。教会の仲間に受け入れてもらえないのではないかと心配して、私に話さなかったのです。洗礼の席に息子がいるのを見て私は驚き、そして神に感謝しました。

末の息子は五歳で、私が家を離れている間義母が面倒を見ています。私たちは一部屋だけの家をひとつ持っていて、九ドルで借りています。夫が最近、家に一〇ドル送ってくれましたが、全部、義父の借金を払うのに使ってしまいました。

私は子どものころからずっと悲しかった。大きな心配の種がないときはなかったように思います。しかし最近は、私のこの世での境遇は同じままですが、幸せだと言っていいでしょう。救世主と天国が存在することを知っており、そのことが私の苦悩の一〇分の七を取り去ってくれたのです。

＊1　一八七七年に二七歳で洗礼を受け、そののちバイブル・ウーマンとなった陳恵蘭。
＊2　汕頭の西を流れる榕江を一〇〇キロメートルほど遡ったところにある町。一八七八年ごろにフィールドが礼拝堂で学校を開き、一八八〇年ごろには伝道師とバイブル・ウーマンのための宿舎があった。
＊3　盲人の主要な職業のひとつが占い師だった。
＊4　床公と床婆からなり、結婚や育児などをつかさどる神。
＊5　家の壁にはよく日干しレンガや石が使われていた。本書「南隴教会を支える人たち　真宝の物語」「旅のあれこれ」「住居」を参照。
＊6　掲陽県の西部に位置する。白塔のさらに西である。
＊7　「モーセの十戒」にあるように、キリスト教では神は「唯一の神」一人のみであり、「偶像崇拝を禁止」している。中国の伝統的なさまざまな神様は偶像に相当するとされ、排除された。
＊8　掲陽県坎下の呉攀惜。一八七六年に二八歳で受洗。
＊9　やはり、一神教としてのキリスト教の教義に反するため。

惜の決意

三二年前、私はロポイの村で生まれました。父は私が生まれる直前に亡くなりましたが、母を助けて家族を支える兄たちがいました。一六歳のとき、私は家から一リーグ〔四・八キロメートル〕

のところにある坎下《かんか》村*1に嫁入りしました。母は、その婚約で二八ドルと、結婚のときには一八ドル以上に相当する練り菓子と菓子類二〇〇ポンド〔九〇キログラム〕を手にしました。今では、嫁のためにそのころの二倍ほどの金額を支払います。これはお金がもっと増えたせいなのか、女の子が足りなくなったせいなのか分かりません。

夫は五人の息子の中の次男で、私より一六歳上でした。最初、夫のことを好きでも嫌いでもありませんでした。義母は私に親切で、義姉も優しくしてくれました。最初、家のことをどうこうしろと言うほかは、夫は私にめったにしゃべり掛けませんでした。互いによく知るようになってから、こっそりと一緒に話をしました。ただ、人の目があるときは決してしません。この国では若い夫婦は、夫の父母や家族の年長者がいるところでは互いに話をしないものなのです。私たちは自分たちの部屋で、家族や近所のことについてよく話をしました。

最初の子は男の子でしたが、たった数日で死んでしまい、二歳の小さな女の子を養子にして、死んだ子の代わりに育てました。翌年、私の唯一のもう一人の子ども、息子の完が生まれました。

はじめのころ夫はまじめでしたが、突然、賭博にはまり、それが六年間続きました。お金をたくさん失い、借金を作り、とても機嫌が悪かったものです。七年ほど前、夫方の叔母・銀花*2が信者になりました。彼女が私のところにやってきてほんとうの神について話しましたが、この村には彼女のように信じる人はほかに誰もおらず、みんながその宗教をあざ笑い、それを説く彼女を嫌いました。以前は、私はよく叔母と過ごしていましたが、彼女が信者になってから三年間は一度も彼女の家に行かず、めったに話し掛けもしませんでした。ところがある晩、奇妙な夢を見ました。空全体が炎につつまれ、どこもかしこも人々が泣き、叫んでいます。起き上がってドアの外に出てみると、そこには叔母の銀花が立ち、静かに空を見上げていました。その服は全体がきらきらと美しく輝いていました。私は叔母の横に跪き、その服のへりを握って言いました。「救われるにはどうしたらいいの」。そのときすさまじい音がして、私は目が覚めました。

それ以来、そんな夢を見たことが不思議で、気になって仕方なかったため、ついに銀花おばさんに話しに行きました。叔母は、神が世の中に審判を下し、すべてが焼き尽くされる日が来ると言います。彼女はほんとうの教えについていろいろ語り、私はそれを全部、夫に話しました。夫は、一〇マイル〔一六キロメートル〕離れた県城の礼拝堂へ行って、そこで教えていることが良いことか悪いことか自分で見てくると言って、二回、日曜日に出掛け、もし行きたいなら私も行っていいと言いました。夫は間もなく賭博をやめて別人のようになりました。賭け事をしているときはひどく機嫌が悪かったのですが、入信してからは言い表せないほど良い人間になりました。

五ヵ月後、夫はこっそりシンガポールへ行きました。坎下村で六〇ドルの借金があり、行ってしまうことに気付けば私が泣き出し、また出発することが貸主に見付かってじゃまされるかもしれないと思ったのです。そこで私に黙って出掛けたのですが、すぐに手紙で、自分がどこにいるかを知らせてきました。私は礼拝堂に通い続け、四年前に洗礼を受けました。そして福音書を読むことを学び、主の教えを携えてこれまでに七〇ヵ村を回りました。どれほどの女性が信じてくれたのかは分かりません。私の言葉によって信者になった人は、ほんの少しでしょう。

今では娘は一二歳で、学校に上がっています。[*3] ぜひ信者と婚約させ、決して足を縛らせないようにしなければなりません。娘に立派な夫を見付けるのはむずかしいものです。いつも会いたいので遠くへはやれない。娘もその子どもたちも食べ物にありつけるように、土地を持っているか、商売をしている人と結婚するのがいい。そして義母が優しくしてくれるような所がいい。大切なことが全部そろっている家を見付けるのはむずかしいことです。信者がもっと増えれば、娘にたいする信者の両親の義務は、もっと簡単に果たされるようになるでしょう。

息子は現在九歳で、学校に通っています。三回、洗礼に志願しましたが、教会員になるにはまだ小さすぎると教友たちが言っており、しばらく待たなければなりません。

夫は今、シンガポールで月に六ドル稼ぎ、去年は家に四〇ドル送ってくれました。いま、夫の借金の最後の一ドルをちょうど支払ったところで、夫は間もなく家に戻ると言っています。私は毎日、夫のために、そして夫がすぐに帰ってくるように、祈っています。帰ってきて、説教の勉強をしてほしいのです。夫は今ではとてもよく読むことができ、私に送ってくれる手紙は全部、自分で書いています。[*4] 彼が戻るころ、私はまだバイブル・ウーマンをやっているでしょう。もし家で夫と暮らしていたなら、親戚や近所の人に教えることはできたでしょうが、いまやっているほどたくさんの人に教えることはできません。夫には、帰ってきて伝道師になってほしいと思います。[*5] そうなれば私はほんとうに幸せです。将来のことについてはあまり計画を立てませんが、神が私のためにすべてを整えてくださると信じています。

＊1　ロポイとともに掲陽県内の村と思われるが位置は不明。
＊2　一八六九年に四四歳で洗礼を受け、のちにバイブル・ウーマンとなる。
＊3　女の子が通える学校はなかったため、これは教会が設置した学校と思われる。
＊4　当時の庶民の識字率は非常に低く、手紙は通常、代筆屋に依頼した。本書「言語、文学、民話」を参照のこと。
＊5　伝道師やバイブル・ウーマンにはミッションから給与が支払われた。バイブル・ウーマンはたとえば一八八七年には月に一ドル受け取っていた。このほか、中国人牧師や小冊子売りなどを含め、これらはミッションが中国にもたらした新しい職業であった。

一晩の仕事

私の名前は王美。[*1]四五歳で、息子は一一歳です。私は客家《はっか》地方[*2]の国境《さかい》で生まれました。その西側の村の人たちはみな客家語を話し、東側の村の人たちは潮州語[*3]を話します。このふたつの方言はひどく違っていて、一方の言葉しか知らない人は、他方の言葉で何を言っているのか理解できないほどです。私は子どものころ両方を覚えたので、今ではどちらも同じように容易に話すことができます。

父には土地があって、私たちは快適に暮らしていました。すごく幸せだったことはなくても、すごく惨めだったこともなく、実際、私の運はほかの女の人に比べて良い方でした。客家の女は足を縛りません。田畑で働き、*4不自由な足をして家の中で働く女性よりはたくましくて、気持ちもいい。神様にもそれほど頼らず、一年に四回拝むだけです。

私は五人の子どもの一番年上で、一五歳のときに婚約させられ、一七のとき結婚しました。夫の父親は亡くなっていて、義理の姉妹が四人、義母のところで暮らしていました。数年して、息子を一人残して夫が死にました。私と息子には、遺産の分与として土地が二エーカー〔八〇アール〕と家の中の部屋がひとつあり、近所の人と同じ程度の暮らしでした。

二年前までは、甥の玉《ぎょく》*5のほかには、この村に信者はいませんでした。玉は七マイル〔一一キロメートル〕離れた霖田の礼拝堂で福音を聞き、日曜ごとにそこに通っていました。よく私に神を崇拝すべきだと言いましたが、神が誰なのか分からず、また、何か新しい教えで煩わされたくありませんでした。

ある日、バイブル・ウーマンが二人、私たちの村にやってきて玉の家に上がり込んで話をし、女の人がたくさん聞きに行きました。二人の話はおもしろいと思いましたが、その言葉はほんとうに私の心に入ることも、心臓に届くこともありませんでした。時間も遅くなったころ二人は、もっと聞きたければ一晩中とどまってもいいと言うので、私のところで泊まるよう誘いました。ベッドに入ってから、二人は朝方近くまで話をしました。神とは誰のことか、神は何をするのか、そして天国と主キリストについて。二人がこの夜語ったことを私は決して忘れないでしょう。私は信じました。話を全部聞いていた九つになる私の息子も、やはり信じました。息子はそのあと私によく言ったものです。「お母さん、信者になろう」。

礼拝堂は遠すぎて日曜ごとに通うことはできませんでしたが、バイブル・ウーマンに付いて船で一度、汕頭に来たことがあります。戻る途中で母の家を通り掛かったので立ち寄ってみると、母は、私が汕頭へ行っていたことにひどく腹を立てていました。「食べ物も十分にあり、評判のいい女なのに、どうしてお前はまるで物乞いやもっとひどい人間のように遠くの町にまでふらふらと出掛けるのか。[*6] お前をだましてそんなことをさせたのは誰だ」と。私は、何よりも欲しいものを手に入れに行ったのだ、何としてもそれを手に入れたい、と答えました。しかし母は理解してくれず、ようやく怒りが収まったのは、私の兄弟が女子学校[*7]を見に来て、帰ってから母に、その人たちがとても立派で、教えていることは正しいことだと話して聞かせてからでした。

今ではこの村に信者が一〇人いて、そのうちの一人は私の義理の姉妹です。義母はちょうど、信者として亡くなったところです。

＊1　掲陽県玉塔（白塔）の人。一八七八年に四四歳で受洗。

＊2　華南の各地に居住する漢民族のグループ。一般の漢民族よりやや遅れて華北から南下してきたとされ、独自の言語を使用している。

＊3　福建省に隣接するこの地域では、北部は客家語、南部では福建語系統の潮州（汕頭）語を使用する。

＊4　田畑で働くことが、女性が纏足をしないひとつの理由だと思われる。潮州語地域では女性は家庭内で働き、市場へ通うのも基本的には男性の仕事である。客家地域では女性が市場に通い、木こりの仕事さえしているとされる。本書「韓江をさかのぼる」を参照のこと。

＊5　掲陽県古塘の何玉。一八七六年に洗礼を受けた。

＊6　客家の場合は田畑で働くとはいえ、前述のように、若い女性はあちこち遠くまで出歩いてはならず、出歩いてよいとされるのは乞食や尼僧など、限られていた。これが、ある程度以上の年齢の女性がバイブル・ウーマンとなった理由であり、西洋人の独身女性宣教師でさえ、あちこち出歩けば好ましくない種類の人間と見なされた。

＊7　アメリカン・バプティストは一八六〇年代初頭には、汕頭湾の媽嶼島や達濠埠にすでに女子学校を開設していた。汕頭の女子学校は一八七〇年代の中ごろからである。

海賊の島に育つ草

両親はかたまりあった一八の村のひとつに住んでいました。父は裕福で、子どものころ私は大切にされました。唯一私が覚えているほんとうに苦しかったことは、一四のときに足を縛られたことです。

今では真の教えを知るようになり、纏足は邪悪で有害な習慣だということを知っています。神は、その御業を行う道具として、私たちに目や手、足を下さいました。何であれそれをだめにするのは、とんでもないことです。足を変形させるのは、神が足を作るときの型が私たちに合っていない、私たちは自分で神の作品を改良できる、と宣言することになります。でも、自然な足が妻にはふさわしいのだと男たちに教えない限り、女たちはそうなることができません。

私は二〇歳になるまで結婚しないはずでしたが、小さな村五つが連合して私たちの大きな村に対抗する械闘[*1]があり、命と財産が絶えず危険にさらされたため、私が一八のとき、両親は私が家を離れることに同意しました。私の新しい家は、一八の村から海峡を渡った巡梅島にありました。この島の住民は騒々しく、湾の対岸にあるふたつの地域の境界線を決めるとき、どちらの県知事も巡梅島を自分のもとに置きたくなくて、互いに相手に押し付けようとしたほどです。そこで二人が満潮のとき湾の突端の水面にもみ殻を浮かべると、潮が引いてもみ殻が巡梅の北へ流れ、南の地区の県知事が島を自分の管轄下に置かねばならなくなりました。

島の上には村はひとつだけで、住民はほんのわずかで力もなく、ひどい悪さもできません。ところが島のまわりの入り江には海賊船が停泊し、湾の上下の町を結んで通う弱い乗組員の船にことごとく襲撃を仕掛け、略奪するのです。品物は売り払い、乗客は身代金のために捕まえておきます。身代金として受けとる金額は、その人質が支払える能力によって変わりますが、海賊が二〇〇ドル以上をせしめた人質がいるという話は聞きません。

私が嫁入りしたところは大家族で、家で食事をする人が二〇人いました。私と義理の姉妹が料理をすべて担当したのですが、私は実家ではそれほど働いたことがなく、最初はとても大変でした。二人は交替で夜明け前に起き、その日に使う米を搗きました。さらにブタやアヒルにも餌をやり、あちこち水を運び、洗濯をします。

夫は漁師でした。息子が三人に娘が六人いて、誰も女の子を三人以上置いておくことはなく、三人捨てました。今とは違ってそのころ私は、赤ん坊を殺すことが大きな罪だとは知りませんでした。息子が一人死に、娘三人はもう大きくなって結婚しました。残った二人の息子には、まだ嫁を見付けてやっていません。何年か前、方将軍[*2]が権力を握ったとき、海賊船が追い払われて島は安全になりました。

五年前、私が四五歳のとき、女性の宣教師が巡悔にやってきて、近所の家に入って女性たちと話をしました。私はその話を聞きに行き、彼女が帰ったあと義理の姉妹に、病気もなく泣くこともないような場所がどこにあると思うか、と尋ねました。よくは知らないと言うものの、彼女は黄泉の国のどこかにあると思っています。それからバイブル・ウーマンがやってきて、もっと教えてくれました。私は、家の戸口の柱からも息子の首からも魔よけをはずし、偶像を信じるのはやめました。

そのバイブル・ウーマンは何日か泊まって、私の義理の姉妹のところで寝たのですが、近所の人たちが追い出してしまい、邪教を説く女をこれ以上家に呼んで泊めたら家を引き倒すと言います。しかし夫と息子たち、義理の姉妹そして私は、戸を閉めて毎日一緒にほんとうの神に祈りました。しばらくすると隣人たちはバイブル・ウーマンが戻るにまかせ、村で教えても、もうひどく反対することはありませんでした。今では、信仰しているのはほんのわずかですが、村のみなが福音を聞いたことがあります。

*1　当時、村同士が戦う械闘の場合、弱い村が連合して強い村に対抗することがよく見られた。その際、強い村が他村と連合することもあり、最終的に近隣の村々が二派に分かれてしばしば大規模な戦いに発展した。
*2　一八六〇年代の中ごろ、この地方はほとんど無秩序状態に陥っていた。その治安を回復させたのが、普寧出身の方耀将軍である。

錦《きん》

私が生まれたのは、曲渓[*1]の北の川岸にある、たくさんの村のひとつです。半径三マイル〔四・八キロメートル〕の中に村が五〇あったと思います。その村々はいつも械闘をしていました。方将軍が権力を握ってこの地方を従わせ治安を回復するまで、私が生まれるずっと前からそんな具合でした。械闘はときには宗族同士や村同士で、さらには同じ村の中で違った家族同士が戦います。弱いものはより強いものにくっ付き、彼らに保護してもらいます。

宗族同士の械闘の場合はそれほど悲惨なことにはなりません。片方の人数が多くなり、誰かがきっと調停に入るからです。しかし村同士のときは関係した村が全部大変な目に遭います。敵側が夜の間に、まだ実っていない穀物を刈り倒し、成長したサトウキビをめちゃくちゃにし、サツマイモや落花生を引き抜いてしまうのです。無事なものは何もありません。そんなとき住民は、殺されたり誘拐されたりするのが恐くて、日が暮れてからは村の外へ出ようとしません。公道は旅人にとっても商品にとっても危険でした。私の祖父は土地をたくさん持っていましたが、誘拐されて別の宗族の強い村に連れていかれた父の身代金を支払うため、それを売らなければなりませんでした。

私が生まれたとき家が貧しかったのは、こうした械闘のせいです。私は一番上の子どもで、ただ一人の娘で、両親に大切にされました。しかし、わずか一〇歳のとき母は私を隣村の同い年の少年と婚約させました。一四のとき母が亡くなり、私の結婚までまだ間があったのですが、将来の義母はすぐに私を自分の家に連れていきました。この義母は冷酷な人で、息子の嫁たちをひどく押さえ付けていました。養子だった長男は妻を連れてほかの家で暮らし、次男は一九歳の妻をこの家に置いていました。そして私は三男の嫁になるのです。

兄嫁はめったに夫に会うことがなく、私も婚約者を見たことがありません。いまだに、婚約者は背が低いのか高いのかさえ知りません。兄嫁と私は義母と同じ部屋で寝て、家の後ろの部分で暮らしていました。前の部分は店で、そこには男たちが住んで商売をしています。私たちがご飯を作ると、小さな男の子がやってきて、男たちが食事をする部屋へそれを持っていき、その間、私たちは自分たちだけで女性の部屋で食べます。

私がこの家に来て間もなく、兄嫁が、死ぬつもりだと私に言いました。すぐに、一緒に自殺することにしました。不幸な嫁がこのようにするのはめずらしいことではありません。近くのシエティエ村では少女が七人、一緒に川に入る約束をしました。決めた時間は正午で、待ち合わせ場所は川岸の人気のないところです。そのうち四人はたまたま家族の食事の準備に追われて、決めた時間に行くことができませんでした。残りの三人は、まだ一四歳の一番若い少女を真中にして互いに手首を結びあわせて川に身を投げ、その後、その場所で遺体が見付かりました。

新亭[*2]では女の子が三人、そのうちの二人は最近結婚したばかりでしたが、やはり一緒に溺れ死にました。三人が川岸を走る音がして、そして川に飛び込むのを漁師が見たものの、幽霊だと思っていました。幽霊は足音がしないし、水に入るとき水しぶきを上げたりしない、と誰かが言い出すまで。

ある日、義母が出掛けたとき、兄嫁は縄を取り出して梁に結び、二人で首をつる準備をすっかり整えました。ところが、兄嫁がベッドの骨組みに乗って縄の輪に首を掛けようとしたとき、私はひどい恐怖に襲われ、あなたが先に死ぬと私は恐くて後に続けないに決まっていると言って、思いとどまるように頼みました。すると兄嫁は別の日にしようと言いました。そして私には、私を可愛がり助けてくれる父親がいるのだから、生きていたほうがよいと言います。それからほどなく、家を訪ねてくるようにと父が使いをよこし、義母は父の機嫌をそこねないほうがいいと考えて、私を行かせることにしました。その二ヵ月後に兄嫁は首をくくり、そのあとに起こった不面目とごたごたの間、私はしばらく父のもとに離れていました。

この村で、嫁が首をつってしまったことがありました。義母は部屋に入ってそれを見付けるや、その少女の両親がねじ込んでくるだろうと心配して、すぐに別の縄を手に取ると、嫁の横で自分も首をくくってしまいました。これで、互いに相手を同じ程度痛め付けたことになり、どちらの側の身内もねじ込むことができません。*3

私の義母は首をくくりはしませんでしたが、私もまた義母に害を与えるかも知れないと心配して、私を嫁に出すことにしました。そして、以前、私のために支払ったのと同額の四〇ドルを手に入れました。妻というものは、今では当時よりもずっと値段が上がり、この村では七〇ドル以下の婚約金では手に入りません。そのとき私は一七歳になる直前でしたが、姿を見せない夫といやな義母のもとを離れてほかの家に行くのはうれしいことでした。

次の義母は親切で、夫は正直でやさしい男でした。一二歳年上で、商売をしていました。子どもが三人出来、夫は子ども好きで、私にもよくしてくれ、年老いたその母親にはとても親孝行でした。

一〇年前、私が二五のとき、方将軍が宗族を弾圧し、械闘をやめない人たちの家を焼き、ほかの者への見せしめに大勢の人を厳しく罰しました。*4 夫は戦闘要員への火薬や弾丸の運搬に駆り出されていたのですが、隣人たちは、罰を受ける役目として夫を差し出すことにしました。村の誰かがその罰を受けなければならなかったのです。夫は罰金を払う金がなかったためシンガポールに逃げ、そこで方将軍は夫を一二年間の追放にしました。

ここを去るとき、夫は子どもたちと別れることをひどく悲しみ、母の前にひざまずいてお辞儀をしました。一番下の子どもは生まれてまだ一〇ヵ月でした。

夫は九年間出て行ったままです。私と子どもたちに会いにこっそりと、そして敵に見付からないように帰ってきてほしい。ただ、追放になってすぐにまた戻ってきて、捕まって首をはねられた人もいます。

三年前、私は亜麻を買いに県城に行っていて、礼拝堂へ行く途中の知人に会い、一緒に来ないかと誘われました。私は行き、そこで聞いた教えがとても気に入りましたが、家に戻ったあと、そこへ行ったと隣人たちにあざ笑われ、二度と行きませんでした。その後、村から一リーグ〔四・八キロメートル〕のところに礼拝堂が開設されました。私は親戚の男に、そこは私が行くべきところかどうか見てきてくれと頼みました。彼は何回か日曜日に通い、私も行ってみるのがいいと言いました。それ以来ずっと通い、教会員になりました。

今では村に信者が二〇人いて、新しく建てる予定の礼拝堂に四〇ドル寄付しました。私の子どもも同じように信仰しており、私は夫に、神を崇拝しなければならないと手紙で書いてやりました。夫が生きて帰ってくることと家族が全部信者になることを、私は毎日祈っています。

中国の女性は、自殺が悪いことだということを知りません。私たちは神の所有物であり、神の物を壊すようなことをしないように教えられているのは、私たちだけです。行くべき天国があり、その準備のための時間が必要で、自分の命を正しく評価することを知っているのは、私たちだけです。

＊1　榕江上に位置する掲陽県の町。
＊2　西から汕頭へ流れ下る榕江へは、掲陽県を南下してきた榕江北河が合流する。その流域に位置する掲陽県西北部の町。
＊3　娘が婚家で死亡した場合、しばしば家族や親戚が大勢で押し掛けて賠償を求めることが行われた。また一般に、自殺はこのような形で相手に復讐を果たす最後の手段ともなった。
＊4　方耀は最終的に三〇〇〇余名を処刑し、多くの家や村を焼き払ったとされる。

深みの外へ

こんなに悲しみに満ちたこの中国の地の女性の中で、私よりつらい運命の人はそれほど多くないでしょう。これまでの惨めさを思うと自分が哀れで涙が出るし、私の罪がどれほど大きかったかを考えると恥ずかしさで顔が赤くなります。宣教師の先生のおかげで、私の悲しみは永遠に続く必要のないものだということ、私の罪はぬぐい去られるものだということを知りました。天国と救い主が存在すると知って以来、この世の中は私にとって新しいものになりました。

母は、娘ばかり産み続けて不幸な女だと思われていました。二人育てただけでしたが、一〇人以上の娘がいました。息子は一人だけです。私が生まれたとき姉が結婚し、それで母は私を生かしておくことにしたのです。兄は丈夫で、両親の宝であり希望でした。そのころは、いい家と、水田もいくつかあり、両親は快適な生活状態でした。

兄は二一歳のとき宗族の械闘で撃たれ、私の一番古い記憶は、その死が家族にもたらした嘆きです。私は三歳で、母は一心に私を可愛がってくれましたが、この国では女の子を大切にしても仕方がありません。一五歳ほどになるまで手元に置くことができるだけです。そして、すっかり他人のものにならねばならないのです。ある地方では、娘が一人だけで息子がいない人は婿をとって、自分たちの娘を妻として与えることができます。しかし、この村にはそのような習慣はなく、私の両親はそうすることができませんでした。

しかし年老いたとき独りにならないように、また死後に墓に供え物をしてもらえるようにと、[*1]両親は養子をとりました。ところがその養子は賭博をして、金を失い、家の中の金目のものを全部盗み出して逃げました。そこで両親は、妻帯者ならもう少し当てになるだろうと考え、孤児だった妻帯者のことを耳にして、その夫婦二人を家に連れてきて跡取りにしようとしました。

ほどなく、この地方が飢饉になりました。その年、我家の水田三エーカー〔一二一アール〕では稲の芽がひとつも出ません。二度の収穫[*2]はどちらもだめで、食べ物は普段の四倍の値段です。飢えから逃れる金を手に入れるために、父は家と土地を抵当に入れました。そのとき、姉の暮らす村に政府の役人が火を付けようとしているという知らせが来ました。そこに住む犯罪者のせいです。[*3] 姉はそのあとすぐ、安全に保管してくれと言って衣類と宝石類を母のところに持ってきました。次の日、この村も燃やされることになっていると聞き、母は、姉と私たち自身の貴重品を全部、別の村の叔母に預けました。

ちょうどそのとき、養子の兄嫁が遠くにある自分の親戚へ行き、その三日後、養子である夫がその叔母のところを訪ね、村の危険な状況は落ち着いたので、保管してもらったものを全部、母に言われて受け取りに来たのだと告げました。叔母がそれを渡すと、彼は質屋に持っていって換金し、急ぎの旅行用の輿を雇うと、どこかで妻と落ち合いました。それ以来、私たちは二人のことを耳にしたことがありません。そのとき私は九歳でした。

その後、飢饉の状況はよくなりましたが、父は年をとって、きつい仕事はできなくなり、借金を返すために家を売らねばなりませんでした。父はとても小さな家を建て、私たちはそこで暮らしました。

母は私をとても可愛がっていたので、私にとって申し分ないと思えるような夫を見付けるのがむずかしく、そのため一五のときまで婚約せず、一七まで結婚しませんでした。母は私をもう少しとどめておきたかったのですが、ただ義母が許しませんでした。母は、私の結婚で二四ドルと練り菓子一〇〇ポンド〔四五キログラム〕を手にし、私には服三〇着、洗濯だらい、提灯ふたつ、衣類用の行李ふたつ、枕、掛け布団、髪飾りのセットをくれました。義母は母の家から二マイル〔三・二キロメートル〕のところに住んでいました。私には不親切ということはありませんでした。

私が二一歳のとき、ある朝、夫は出掛けて、元気な男だったのに、宗族の械闘で撃たれて死んで戻ってきました。七ヵ月後、長男が生まれました。その子が三歳のとき祖先の財産が分割されて、息子は父親の取り分を受けとりました。しかし土地を耕すものがおらず、義母はもっと息子を欲しがって、私の死んだ夫の跡に養子をとりました。その男が家にやってくるまで、新しい夫ができたことを私は知りませんでした。相談されず、また、その男がいい人間かどうか用心深く確かめなかったことにひどく腹が立ちました。

彼は私たちと一ヵ月暮らしただけです。その間、賭博をし、金を失い、商売を始めると言ってもっと借金をして、そして逃げました。その年に私の二番目の息子が生まれました。そのとき自分が惨めに思えましたが、もし自分の苦労がそれ以上増えなかったら幸せな女だと考えることもできました。義母はすぐに、景気が悪く、私は若いので、私を嫁に出すつもりだと言いました。わがままで意地悪く、私を苦しめるために生まれてきたような兄嫁にそそのかされたのです。私は、機織りで暮らしていくつもりだし、結婚するくらいなら飢え死にしたほうがいいと答えました。そして、私が義母にたいして何か足らないところがあって、私を辱めるためにそんなことをするのかと尋ねました。義母は、私に落ち度はないが結婚するのが私のためだと言います。

すぐに私の遠い親戚が仲人としてやってきて、正直で親切な男が私に求婚していると言って、

機織り

その男と結婚するのが利巧だと説きました。私は同意し、義母は二六ドルと練り菓子一〇〇ポンド〔四五キログラム〕をもらいましたが、私には嫁入り道具はありませんでした。義母は自分の孫にあたる私の長男を手元におき、自分がいらない次男を私にくれました。

この夫は農民で、両親はなく、妻を持ったこともありませんでした。田んぼが一枚あって、夫がそれを耕し、私は糸を紡ぎ、機を織って家計を支える手助けをしました。さらに息子が二人と娘が一人出来ましたが、娘は手元に置きませんでした。夫が元気で働けるときでさえ暮らし向きが厳しかったのに、夫が病気になり、私は必死に働きましたが、五つの口を満たすことも薬を買うこともできません。

夫は三年の間肺を患い、私たちは、一枚だけの田んぼを売るか、それとも子どもの一人を売るか、考えなければならなくなりました。田んぼがなければ残された者は生きていけません。そこで末の男の子を売ることにしました。そのとき三歳で、二五ドルもらいました。一ヵ月後、夫が死にました。行列、喪服、楽隊そして食事などの葬式の費用が工面できず、一二ドルでお棺を買い、埋葬に一ドル払っただけです。こうして、田んぼと私の機織りで残った二人の息子と私自身をなんとか支えました。

ある日、伯父さんがどこにいるのかいとこに尋ねると、出来たばかりの霖田の礼拝堂[*4]を見に行ったということでした。それは私たちの村からも見えましたが、行ったことはありませんでした。

家の戸口を伯父が通り掛かるまで、私は腰を下ろして待っていました。そして伯父に声を掛け、霖田の礼拝堂で説いているのは良い教えかどうか、また男同様、女のためにもなるものか、聞いてみました。伯父は、その教えはみんなにとっていい知らせで、もう七日すれば別の日曜日になるから、そのとき自分で聞きに行けばいい、と言います。次の日曜日、私は友人と一緒に行ってみました。珠[*5]の母親です。

バイブル・ウーマンがお祈りの言葉を三節教えてくれました。さらに何回か日曜に説教を聞いてから、彼女と私は同じ日に像を片付けようと決心しました。私たちはその日、家から神様の像を外に出しました。

それから間もなくして、何年も外国に行っていた夫の兄が、いとこを通して二五ドル送ってくれました。いとことというのは、私を礼拝堂に向かわせたあの伯父の息子です。義兄は私の夫が死んだと聞き、祖先の供養を続けるのが私と私の息子たちしかいないと知ったのです。いとこが到着して、私が信者になったのを見ると、金を渡そうとしませんでした。彼は、礼拝堂に行くと言って私の伯父つまり自分の父親を殴りましたが、いとこは力が強くて乱暴で、一方、私たち信者は嫌われているため、誰もいとこを止めに入ってくれません。信者だという理由以外では、誰も自分の父親を殴るようなことはしません。そのようなことをしても近所の人たちに支持されるのは、この場合だけです。

お金のことで私はいとことひどい言い争いをして、彼は、私がもし神を崇拝するのをやめて家の神様を拝むならこの金を渡すし、義兄はもっとお金を送ってくれるだろうと言います。私は、とてもお金を失うわけにはいかないが、魂はなおさら失くせない、いつまでも神を崇拝する、と言いました。隣人たちは結局、一緒に添えられていた手紙の意向に沿ってお金は私に渡すべきだと結論付け、いとこはとうとう私に差し出しました。しかし彼は私が信者になったことを義兄に書き送り、もうお金は送られてきませんでした。この世の中で何を失おうと、天国でそれを手に入れることにしよう。息子たちは私と一緒にこう考えています。

＊1　老後の面倒を見てもらうことと死後の供養が、中国人が男の跡取りを必要とする最も大きな理由だった。娘は他家に嫁ぐため、親の祭祀は行えない。
＊2　この地域は基本的には二期作である。
＊3　方将軍の治安回復策の一環と思われる。方耀はよくこのような方法を用いた。
＊4　完成は一八七六年。
＊5　掲陽月城の林珠。一八七五年に四四歳で洗礼を受けた。

朝霧*1

幼かったころ、私はうれしさも悲しさも経験したことがありませんでした。私の頭は闇に閉ざされ心は静止し、父の田畑で私が番をしていた牛ほどにも、ものを考えませんでした。私の家は小さな村にあり、男の子四人、女の子二人がいる家族の末っ子でした。父は海水から塩を作り、兄たちは田畑を耕していました。私はよく、鼻の鉄の輪に結んだ縄で引っ張りながら、牛の番をしていました。よく父について塩田に出掛け、軽い道具を運ぶ手伝いをしました。兄たちと水田に行くと、子どもにもできる仕事をしました。また、糸紡ぎ、機織り、裁縫を習いました。兄たちは文字を少し教えてくれましたが、私がほんとうに読めるようになりはじめるとすぐに、学問があるのは女の人にとって良いことではないと言って、教えてくれなくなりました。

一三のとき足が縛られて、心地良い野原に出掛けることも、元気に働くことも、もうできなくなりました。一六歳で近くの村に嫁入りしました。私が入ったその家は、土地と家をいくつか持っていましたが、夫とその兄弟たちは博打を打ち、お金をたくさん使い、私がそこで暮らすようになった一年後、彼らは全員、外国へ行って、その後、そこで死にました。義母は私のために息子と娘とを養子にもらってくれました。そして私は、二三歳になるまで義母と一緒に暮らしました。

そのころには私たちは貧乏になってしまっていて、養子にとった娘を嫁にやり、養子の息子を人にくれてやり、そして私は今の夫に嫁ぎました。息子が一人と娘が二人ある男やもめです。その息子はいまは外国にいて、娘たちは結婚しました。夫はとても正直な男で、また、自分の権利を守ろうとして争うよりもそれを奪われてしまうような、おだやかな気質でした。一人息子で、両親は亡くなっていたため、私たちだけで暮らしました。夫は自分の土地と祖先の土地をいくらか耕し、こうして暮らし向きはよかったのです。

結婚してすぐに娘が生まれ、順光と名づけました。そのころは、「まことの光」*2については何も知りませんでした。娘と私はあとになってそれを聞き、従うようになります。六年後、娘がもう一人生まれ、玉枝と名づけました。

私たちは県城から三マイル〔四・八キロメートル〕のところに暮らし、ある日、夫が仕事で県城へ行ったとき、夫のいとこが、最近そこに出来た礼拝堂の話をして、夫に見てきてくれと頼みました。夫は出掛けて伝道師から教えを聞き、家に戻ると、聞いたことを全部、私に教えてくれました。私はすぐに、「それは良い教えです。信じます」と言いました。夫は、「もしこの教えを受け入れれば、もう線香を上げることも、寺に行くことも、この〝偉大な方〟以外の神様を崇拝することもなくなる」と言います。私は、「それでいい。そうする」と答え、それ以来、もう偶像を崇拝することはありませんでした。夫は日曜のたびに礼拝堂に通い、しばらくして私もついて行くようになりました。

中国の女の人は、「私の夫」と言うことはありません。やさしく話し掛けるときは、「子どもたちのお父さん」、そうでなければ単に「彼」と言います。夫婦が一緒に通りを歩くことはなく、ふたりがそれぞれの仲間と一緒に歩くのもだめです。しかし信者になってからは、夫と私は一緒に礼拝堂へ行きました。そもそもの初めに神が互いに連れ添わせるために男とその妻を創り、互いに相手を隠さないようにさせたのは神の意志だったことを知ったからです。

夫がある日、ここへ洗礼を受けに行くつもりだと言うので、私も行くと言いました。夫が天国に行くつもりなら、私もあとに残されたくない。そこで私たちは一緒に行って、同じ日に洗礼を受けました。その後、夫の親戚たちは一緒に水田を耕させませんでした。夫が祖先を崇拝せず、水田はその祖先から受け継がれていたからです。[*3] 夫は、共有財産の自分の分を手放しました。夫の親戚は、私たちの新しい神は私たちを助けてくれないだろう、おまえたちは飢えることになるだろうと言います。しかし主を信じ、祖先は崇拝しませんでした。

夫が持っていた小さな土地だけでは十分に暮らせず、仲間たちは不親切で仕事が見付からなかったため、夫は食べ物を買うためにお金を借りねばならず、支払いができないと貸主に殴られました。ついに、娘の順光を売るよりほかないと考えました。そのとき七つでした。とても道理が分かって、おとなしく、これまで一度も叱ったことがない娘です。二五ドルで県城の女性に売りました。

この人は役人の奥さんで、子どもは五歳の男の子一人だけでした。順光を召使いとして買って、育て上げ、金持ちに第二夫人として売るつもりです。主人が家にいるときは順光にとてもやさしく、食べ物も十分やっていたのですが、主人が出掛けるとすぐ、順光にひどく残酷になりました。

男の子を背負わせ、ころぶと鞭で打ちます。食べさせてもらえず、溝に捨ててある果物の苦い皮を見付けて喜んで食べようとするほどでしたが、女はそれを許しませんでした。近所の人が見て、順光がどれほど腹を空かせているか分かってしまうからです。ひどく機嫌の悪いときはヤットコを熱して、やけどが見付からないような場所で順光をつねりました。

私がその悲惨な様子と、女主人が順光を憎んで売ろうとしていると聞いたのは、一年と五ヵ月たってからのことでした。そこで教会にこの心配事を話しに行くと、信者たちは八ドルくれました。嫁に行った二人の娘からそれぞれ三ドル借り、自分の七〇セントと、そして二五ドルに足りない残りの分を牧師からもらい、私は順光を買い戻しました。しかし私たちは娘を売ったことで、教会から長い間不信の念を抱かれ、責められました。

六年前、夢を見ました。雪のように白い塀の建つ新しい家が現れ、まだ完成していませんが、私たちの家です。夫に話して、こんなに貧乏なときに新しい家の夢を見るなんて、と自分でも笑ってしまいました。しかし夫は、信仰心が小さすぎると言って私を叱り、新しい家には腰掛がたくさんあって、近所の人たちを招いて夕方一緒に神に祈るんだ、と言っていました。

今では新しい家が出来、庭と腰掛さえあります。でも村で信者は私たちだけで、夕方、誰も一緒に神に祈りには来ません。外国にいる息子は去年、家を建て直すために一二ドル送ってくれました。家に入れる新品の家具も出来ました。ただ、まだ塗装はしていませんが。

順光はとても従順で信仰心の厚い教会員です。私は娘たちの足をこれから決して縛らないし、信者以外のところへは嫁にやりません。

＊1　一八六八年に四一歳で洗礼を受けた丁鈴。バイブル・ウーマンの一人。「朝の霧」は『旧約聖書』「ホセア書」に、はかないもののたとえとして使われているが、ここではキリスト教に出会う前の丁鈴の人生を暗示しているのだろう。

＊2　『新約聖書』「ヨハネによる福音書」第一章第九節「その光は、まことの光で、世に来てすべての人を照らすのである」。

＊3　おそらく、一族の共有財産である族田のことを指す。広東省では族田の比率が高く、地域によっては耕地全体の八〇パーセントに及ぶこともあった。

夕暮れの光[1]

私はずっと貴嶼《きしょ》[2]の町で暮らしてきました。両親はとても貧しく、男の子はなく、私は三人姉妹の次女でした。家族はみな、神様や霊魂に祈るとき使う紙銭作りに雇われていました。紙を数インチ〔一〇センチメートルほど〕四方に切り、片面の真中に筆で金色をひと塗りします。金色の付いた紙銭は、大きさによって一〇〇枚あたり一セントから一〇セントで売れます。偶像に祈るときいつも使われ、その量は祈禱者の富と信仰の度合いによります。ジャンクが航海に出るときは、火の付いた紙銭を船の舳先から海に投げ、棺桶を運んでいく道に沿ってばらまき、また墓の上に舞い散るように、四隅のひとつを小石でおさえておきます。墓穴を掘る場所にも置きます。お願い事をするあらゆる神様の前ではいつも、これを燃やします。偶像への捧げ物で足りないものがあったとしても、この紙銭だけは欠かせません。これは黄泉の国のお金であり、霊魂はみな小遣いの贈り物を喜ぶ、と考えられているのです。

子どものころでさえ、私はこの紙を金色に塗っていくらか稼ぎ、よく一日中、また夜遅くまでその仕事をしました。すごくがんばれば一日に五セントは稼ぐことができます。

一一歳で婚約しました。母はそのとき二八ドル受け取り、結婚のときもっともらえるはずでした。ところが婚約してすぐに私の夫の父親が亡くなり、母親のもとに、小さな男の子三人とわずかばかりの財産が残されました。そこで、彼女と私の両親の間で、もう一〇ドルだけ支払い、一方、私の婚礼用品には金を使わない、という相談がまとまりました。こうして私は結婚のとき、質素な上着一、二着のほかは、新しいものは何ももらえませんでした。

結婚したのは一八のときで、夫は二四でした。義母の家には部屋がひとつしかなく、私のベッドは一方の隅に、義母のはもう一方にありました。末っ子が義母と一緒に寝て、次男は家を離れて暮らしていました。義母はとても厳しい人でした。四人が住むには部屋が狭すぎると、いつも不平をもらし、私に、自分がじゃまになっていると感じさせる機会をねらっていました。しかしそんなとき私は、口を開いて彼女に口答えをするようなことは決してしません。義母が糸を紡ぐ間、私は紙に金色を塗るのですが、できるだけ小さな場所に身を寄せ、できるだけ速く仕事をしました。そして、こっそりと涙を流します。四ヵ月後、母を訪ねに行くとき、義母は、私の髪飾りや、少女らしい飾り物などを、全部取りあげてしまいました。そして戻ったとき、もうそれを目にすることはありませんでした。

結婚して二年後、娘が生まれました。私はいつもお腹をすかせ、ひどく苦しいときも仕事につき、手を休めようとはしませんでした。もっと空腹にならないようにしたのです。義母は、この家には物を食う口が多すぎると言って、以前にもまして私を叱り付けます。娘がもう一人出来ましたが、手元にはとどめませんでした。そして男の子が生まれ、知人たちがみな喜んでくれたものの、義母はもっと厳しくなりました。私のことも子どものことも構おうとせず、家に出入りするときは戸を開け放したままにして、私はいつも寒さにふるえていました。

息子が生まれたその日、私はベッドから起き上がって、服を洗い、ご飯を作りました。その間冷たい石の上に立ち続け、すぐに熱が出て、ひどい苦しさです。その子には食べるものが足りず、私は夫にこっそりと、赤ん坊に食べさせるお粥を探してください、と言いました。夫は、いくらか手に入れて、帰るとき上着の下に隠して持ってきました。ところが義母がそれを見付け、母親よりも自分の子どもをもっと大切にすると言って、夫をののしります。

その子はひきつけを起こし、一一日目に死んでしまいました。私はまぶたがはれて目が開かなくなるほど泣きました。私は泣きました。でも哀れに思ってくれる人は誰もいません。目を開けることはできませんが、紙に金色を塗る仕事を目が見えないまま続けました。しかし粥をひと碗食べようものならがみがみ言われました。一度、とてもお腹がすいたとき、鍋からいつもより多めにお粥をよそい、減った分を水で補いました。ところが義母は私のしたことを見付けて、もっと私をののしります。二度、自殺をしようと考えましたが、いざとなると実行に移せません。

夫は銀細工の商売を習い、二〇マイル〔三二キロメートル〕離れた町で働き、めったに家にいませんでした。私が三四のとき義母が亡くなりました。その直後、息子の金菊[*3]が生まれ、相変わらずとても貧しかったけれども、不幸が和らぎました。金菊は思いやりのある子で、お腹がすいても泣こうとしません。泣くと私がいらだって、仕事のじゃまになると知っていたからです。

私は禁欲主義者となって仏教徒の生活に入ることにしました。ほんとうの教えというものを知らず、何かを実践することによってどこかの世界で悲しみを感じなくなる、と思っている時に、人はこのようなことをするのです。一〇年の間、私は動物の肉を食べず、耳飾りを着けず、髪油を使わず、靴に赤い色を使わず、絶えず神々に祈り続けました。私がこの道に入ることを夫は反対もしなければ、勧めもしませんでした。私が宗教的な生活をする決心をしたのを見て、黙認したのです。

七年ほど前、この町に礼拝堂が出来たと聞き、しばらくして甥に、連れていってくれと頼みました。甥自身がときどきそこへ行くのを知っていたのです。しかし連れていってくれません。もし私が信者にでもなれば、一族の誰か有力者に見付かって責任を負わせられるのではないかと心配したのです。ただ、私が福音を聞きたがっていることを伝道師に話し、その伝道師が家までやってきて、ほんとうの神について語ってくれました。息子の金菊も一緒に聞き、日曜ごとに礼拝堂に通いはじめました。

旧正月が近づき、家の神様に特別にお祈りする日が近づくと、私はどうしたらいいのか途方にくれました。たたりがあるかもしれず、家の神様をそまつに扱うのは心配でした。かといって、家の神様を拝むのも、ほんとうの神を怒らせるのではないかと気掛かりです。古いしきたりと新しい真理の間でさんざん揺れ動いたあげく、良いことを思い付きました。あの伝道師を呼んでもらって、すぐに神様を取り払って壊してもらうことにしたのです。そうすれば新年のお祈りは必要ありません。

神様のうち三つはとても大きくて、きれいに金色に塗られ、そして戸口の向かいの棚の上に座っているので家に入るとすぐに目に付きます。伝道師がそれを降ろそうとしたとき、ふと思いました。夫が戻ってきて神様がなくなったことに気付けば私を殴るでしょう。私は体が弱くて、ひどく殴られたらたまりません。そこで、その神様に力がないことを夫に分からせるまで、それを部屋の隅に置いておくよう、伝道師に頼みました。

家に戻って、神様の位置が変わっているのに気付いた夫は腹を立てましたが、私を殴ることはしませんでした。夫には、もしその神様にほんとうに力があるなら、それを動かした私に罰をお与えになるはずで、私が一人でその怒りの罰を引き受けなければならない、と言いました。すると夫は、私と金菊が神様はいらないのなら、結婚した娘にそれをやると言います。私は、みなが崇めなければならない偉大な神のことについて話そうとしましたが、夫は、暮らしに余裕ができしだい神様をまた元に戻すと言います。

夫がまた出掛けたあと、私はその偶像を壊してしまいました。夫が次に戻ったとき、私は家を留守にしていました。神様がなくなっているのを見て、夫は飛び跳ね怒り狂って叫び声をあげました。金菊が駆けてきて私を探し、夫が家を出ていくまで二人で隠れて祈っていました。そして金菊に、夜、父親が家に戻ってきたら、体が洗えるようにお湯とたらいを用意し、父親がして欲しいと思っていることによく気をまわして、父親が使いたいと思っているものは何でも、頼まれるまえに手渡すように言い聞かせました。

二人で夕食の準備をすませると、私はベッドの上に腰を掛けて縫い物をしながら、夫が入ってきても黙ったままで、金菊が父親の世話をしました。夫はきっと私を殴り付け、もしかしたら殺すかもしれないと思い、夫の心を和らげようと神に祈り続けました。夫は夕食を取るとベッドに入り、神様のことはもう何も言いませんでした。

私は仏教徒としての誓いを終わりにしたかったのですが、そうするにはどうしたらいいのか分かりません。金菊が、卵をふたつゆでて礼拝堂へ持っていって食べろと言います。私は上着の下に卵を隠し、私がしたいと思っていることを伝道師に言いに行きました。彼は私のために祈り、私はその卵を食べました。こうして、一〇年間積み上げてきた仏教徒としての功徳を全部だめにしました。

日曜日ごとに礼拝堂の集会に通いましたが、女性の仲間が、紙銭を作るのは良くないことだと言います。信者はそのような仕事に就くべきではないと[*4]。私はひどく当惑しました。ほかに生計をたてる手段がなく、働かなければ飢えるほかありません。伝道師に相談すると、紙に金色を塗る仕事を続けながら、同時に、糧を得るほかの方法を何か与えてくださるよう、絶えず神に祈りなさい、と言います。私はそうすることにしました。しばらくして、私は汕頭へ聖書を読むことを学びに来ました。読むことを学んで、それ以来、福音を教えにあちこち遠くへ行っています。夫は嫁に行った娘のところで暮らしていて、信者と一緒にいるときは信者ですが、信者以外と一緒にいるときは信者ではありません。私は、夫をほんとうの信仰者にしてくださいと主に祈り続けています。

こんなに幸せにしていただけたことを、主に感謝しています。若いときはずっと、心には希望がなく、頭は無知なままでした。でもこうして年をとった今、主は私の上を照らし、私の進むべき道は輝いています。

＊1　一八七四年に五三歳で洗礼を受けたバイブル・ウーマン陳萍の自伝である。
＊2　汕頭の西南方面に、汕頭湾を挟んで潮陽県が位置する。その西部中央部の県境にある村。
＊3　一八七四年に一五歳で受洗。

＊4　紙銭は各種の宗教行事に使用するため、やはり一神教としてのキリスト教の教義に反する。

家の中の霊が、どのようにして家から追い出されたのか——容[*1]の語る物語

私の生涯で覚えている最初のことは、極端な貧困の苦しみです。父はお人よしで、この地方では、そのような人は家族を飢えから守るだけ稼ぐことはほとんどできません。父は野良仕事をしていましたが、賃金は家の八つの口を満たすにはあまりに少なすぎました。母は糸を紡ぎ、機を織っていましたが、十分ではありませんでした。しかし私たち子どもはみな小さくて、腹をすかせ、母はしばしば物乞いに出掛けるしかありませんでした。子どもの中で私が一番年長で、弟が四人いました。女の子がもう一人生まれていたのですが、両親が貧しすぎて、娘をこれ以上育てることはできませんでした。父の母親も私たちと一緒に住んでいました。ほかに息子がいなかったからです。

一〇歳のとき、両親は私を、家から一一マイル〔一八キロメートル〕のところに住んでいる裕福な未亡人に質入れしました。[*2]彼女には小さな子どもが三人あり、私の両親に一二ドル払って私を召使いとして引き取り、食べさせ、服を着せました。一二ドル払えば両親は私を取り戻すことができます。私は掃除や洗濯をし、使いに行き、子どもたちの面倒を見ました。蚊帳も掛け布団もなしでレンガの土間に寝ましたが、食べものは十分にあり、こき使われることもありません。普

通、幼い子どもを虐げることはしないものなのです。それでも家が恋しくて、私はよく一晩中泣き明かしました。私の祖母と母も、私が離れていって泣きました。そして五ヵ月ののち、二人は自分たちの豚を全部売り払い、お金を持って私を受け戻しに来てくれました。家に帰れるのがうれしくて、それからは貧しさの苦しみをあまり気に留めることはありませんでした。

私が一五のとき母が魔物に襲われ、追い払うことができません。キリスト教の信者は、悪魔に抵抗しさえすれば悪魔は消えうせます。しかし神のことを何も知らない人たちは、自分の力だけで魔物と向き合い、それに屈することになるのです。母は心臓が激しく鼓動し、筋肉がひきつり、口からあわを噴きました。そして、魔物が言えと言ったことはなんでもしゃべり、やれと言ったことはなんでもするのです。父は母に、霊媒になるのはとても良くないことだが、ただ、そうするつもりなら、正直な霊媒にならねばならない、良い助言以外は与えず、自分の奉仕にたいして公正な謝礼以上のものを受け取ってはならない、と言いました。母の魔物と相談しにやってきた人からは、母は誰であっても二、三セント以上は受け取

容。前列右。

りませんでした。村には霊媒が何人かいますが、母ほど人気の出た人はいません。母は、焼けた炭の上を歩いたことが三回あり、煮えたぎった油で体を洗ったことが五、六回あり、一度は高さ七〇フィート〔二一メートル〕の刀の梯子を登ったことがありました。[*3]

刀の梯子を登る霊媒師

　村の近くの川に暗い淵があり、少年二人と男一人が別々にそこへ引きずり込まれて溺れたことがあります。悪霊がその下に潜み、人を食うのだと考えられていました。母は魔物に取りつかれて淵に飛びこみ、上からは見えなくなるまでもぐり、柔らかくて白い動物を持って上がってきました。四本足で、猫のような頭をしていました。米びつをひっくりかえしてかぶせておき、長い間、誰もそれを開けてみようとはしませんでした。そして、覆いを上げてみると、その物は消えていました。何か別のものに姿を変えたのでしょう。[*4] 母が悪霊を巣窟から引きずり出したという話は遠くまで広がり、大勢が助言を求めてやってきました。

　私は一八のとき結婚しました。夫は博打打ちで家族は貧しかったため、私はすぐに母の家に戻り、それ以来ずっとそこに住んでいます。夫は外国へ行き、長年便りがありません。私には、いとこからもらった小さな女の子・枝筍[*5]がいるだけで、ほかに子どもはありません。

私が二二歳のとき父が亡くなりました。そのあと間もなく、母が弟二人のために妻として連れてきた若い女性二人が、二〇日の間にあいついで死んでしまいました。弟たちは、家にいる霊は有害な霊で、もうこの家で一緒に暮らせない、と言います。上の二人は出ていき、暮らし向きの良い親戚の息子になり、三人目は私たちとは別に所帯を持ち、一番下の子は下級の役人に雇われていきました。母はこうしたことでとても苦しみ、自分に取り付いたものを引き剝がそうとしましたが、魔物は母に、もし追いたてようとすればもっと悪いことになる、と言います。そこで母は、自分自身を救うためには、あえて何もしませんでした。

しばらくして母は老女を二人連れてきました。一人は体が麻痺し、もう一人は盲目です。そして二人を家に置いて自分で面倒を見ました。功徳のためです。次の世への入り口で収支につりあいが取れているとき、良い行いひとつが悪い行い一〇を帳消しにする、[*6]と言われています。二人の困窮した女性の世話をすることによって、自分の汚点を埋め合わせようと願ったのです。二人の老女は自分で食べることもできず、私の仕事がずいぶん増えました。

三年前、二四マイル〔三八キロメートル〕離れた貴嶼から友だちが訪ねてきました。そして、貴嶼でバイブル・ウーマンからとても不思議でおもしろい、新しい教えを聞いたと言い、それを説明してくれました。その話はほんとうのことのように思えました。以前、汕頭で宣教師が人々に偶像を拝まないように教えている、と聞いたことがあるのですが、そのような教えは言語道断なことだと思っていました。その友だちが来ているとき、たまたま私のすぐ下の弟の宝興[*7]が家にやってきて、彼女の話すことを自分も聞いたことがあると言います。私は弟に、私の足は縛ってあって弱いがあなたの足は丈夫で大きいから、私の代わりに貴嶼へ行き、このほんとうの神についてできるだけ調べてきて教えて欲しいと頼みました。

弟は礼拝堂を探し出し、伝道師の洪安と一緒に数日間そこに滞在しました。洪安は教えを聞かせてくれたのですが、弟がまじめに尋ねに来ている人なのか、それとも何か悪意のある目的でこんなに遠くまで来て礼拝堂にとどまっているのかが、分かりません。洪安は宝興に、次の聖餐式がいつ汕頭であるのかを教え、そして、そのとき出掛けて、集まっている仲間に会うのがいいだろう、と言いました。宝興は家に戻ると教えてもらったことを私に話し、翌月、二人で出掛けました。義母も一緒に来てもらいました。そうすれば義母の偏見がなくなり、そのうち私が信者になりたいと言ってもじゃまはしないでしょうから。

数日して家に戻り、イエスの教えの正しさを確信しました。母に教えると、少しずつ信じるようになり、聖霊が入ってきたため魔物は出ていきました。ほんとうの神のことを知ってイエスを信じたとき、母はもうあの魔物を恐れませんでした。魔物がやってきて心をかき乱し筋肉をねじまげると、母は魔物が去るまで神に祈ります。偶像は全部、家から片付け、家族のほかの者たちも信じはじめました。

目の見えないあの老女も話を聞いてすぐに信じました。彼女はまだ私たちと一緒に暮らしていて、そして真の神を崇めています。麻痺にかかっている老女は福音を聞こうとせず、きっぱりと、偶像を家から片付けるべきではないと言います。私たちが信者になることに彼女が反対するかもしれないと分かったときは大きな試練でしたが、私たちに反対しはじめてからわずか一、二ヵ月で彼女は死んでしまいました。

〔中国の〕神々の意志を取り次ぐのをやめるという母に、隣人がみな抗議しました。宝興と私が信者になる決心をしたと知って、母に、私たちとは離れてもとの仕事を続けるようにと迫るのです。しかし私たちは母を放さず、最後には母を、心も何もかも、私たちのほうに引っ張り込みました。母が霊媒だったころに比べてお金はありませんが、私たちはお金よりも大切なものを得ました。つまり真理についての知識と、私たちは天国への途上にあるのだという自覚から来る喜びです。

宝興が信仰に入りはじめたとき、とても裕福だった養母が、それまでほんとうの息子のように宝興に毎月決まった量の米を渡していたのに、もし信者になるなら、もう自分の米びつからは米は出ない、と告げました。そして宝興が洗礼を受けたとき、養母は渡すのをやめてしまいました。でも今では、宝興が以前よりもいい息子になっていることに気付き、また米を渡しはじめています。宝興は今では伝道師になっているものの、養母は前よりも宝興を可愛がり、自慢に思っています。

宝興の奥さんは昨年とても体の具合が悪く、一度など、宝興と私が汕頭の聖餐式から戻ったとき、ほとんど死にそうになっていました。近所の人たちは一番いい医者を急いで呼べと言います。しかし私は宝興に、医者に頼るのではなく神に頼らなければならない、私たちはみな信者なのだから、もしベッドのまわりにひざまずいて神に祈れば癒してくださるだろう、と言いました。家族を全員、小さな子どもまで呼び集め、病人がすぐに回復するようにみなで祈りました。次の朝、奥さんはずっとよくなり、数日の間に回復しました。

そののち、一番下の弟・宝有[*8]に妻を迎えたいと思いました。お嫁さんはとても値段が高く、少なくとも一〇〇ドルはします。まわりの信者ではない人たちは、娘を信者の家に嫁入りさせようとはしませんし、私たちも、信者になりそうもない人は家に入れたくありません。近所には宝有にふさわしい年齢の娘がいる信者はおらず、かといって遠くの信者は、娘を家から離れたところへ嫁に出そうとしません。事の難しさに困り果てました。

ちょうどそのころ、わずかな金額で手に入りそうな若い女性がいることを聞き付けました。とても賢くて美しい少女なのですが、知恵遅れの男と結婚させられ、夫の家に連れてこられて以来、昼も夜も泣き続け、悲しみのあまり気が触れてしまっていました。男の両親は彼女が自殺するか、あるいは自分たちを殺すのではないかと恐れて、縁を切るつもりでした。

私たちは家族で話し合い、それは不幸がもとで錯乱してしまったもので、正気に戻れば、自分を幸せにしてくれる人たちの宗教を喜んで受け入れるだろうと判断しました。私たちは、イエスが病を治し、魔物を追い払ったことを知っています。私たちの祈りに応えて神が癒してくださることを信じて、その少女を迎えてよいのではと思いました。こうして彼女を買い取り、宝有の妻として家に連れてきました。宝有は私たちの考えに喜んで賛成しましたが、自分の妻がどれほど正気を失くしているのかが分かったとき、信念を失くし、国外へ飛び出してしまいました。残された私たちはいつも彼女のために祈り続け、数ヵ月で完全に良くなりました。

家の霊はもう母をおびやかすことはありません。家族はみな信者で、近所の人も何人かわが家へ日曜の礼拝にやってきます。ただし、私たちの一族は三〇〇〇人いて、そのうち一二人だけが信者です。そのほか、義母が暮らす村のまわりには、私には数え切れないくらいの村がありますが、そのどこでも、誰もまだ福音を説いていません。

＊1　黄宝容。潮陽橋頭の人。一八七七年に三九歳で受洗。
＊2　子どもだけでなく、妻が質入れされることさえあった。
＊3　これは福建語や潮州語で童乩とよばれる霊媒師である。
＊4　この文章はもともと *Baptist Missionary Magazine* 58(12), December 1878, pp. 429–430 に掲載されたものだが、フィールドはそこに次のような注釈を付けている。「私の質問にたいする容さんの答えから結論付けると、この〝動物〟は大きなクラゲで、ここの海岸では珍しくないが川ではめったに見られない種類のものである。それには骨がなく、水から出すとすぐに溶けてしまう」。
＊5　一八八二年に一三歳で受洗。名前の枝笱は、潮州地域の餅菓子の意味。
＊6　善と悪とをこのように点数化して計算する考え方があり、それを示した書物を「功過格」と言う。
＊7　孫宝興。旧姓は黄。掲陽県京崗の人。一八七七年に三二歳で受洗した。

*8　一八七八年に二一歳で受洗した。

南隴教会を支える人たち

南隴[*1]は人口数百人の小さな村である。数年前まで教会が存在せず、誰もエホバのことを聞いたことがなかった。一番近い礼拝堂は、一二マイル〔一九キロメートル〕離れた観音台[*2]だ。南隴に長く住んでいる蓮[*3]という女性が夫とけんかをして、夫が彼女を殴り、その母親をののしった。中国人の最上の家庭でもそうしたことは起こる。殴られることに慣れていないわけでもないので蓮は我慢できた。しかし母親の悪口を言われるのは気概のある女性にとっては許せないことで、周りの人たちも認めない。

蓮は部屋に閉じこもった。その壁には小さな棚がいくつも打ち付けてあり、彼女が熱心に信仰する偶像が上に乗っている。そのうちいくつかは、役に立たないことが経験から分かり、信じなくなった。ほかのものは、毎日新しいお茶をその前に置く。ひざまずいて、この神聖なお茶の湯をわかす火を扇ぎ、そして、ひれ伏しながら線香とともにそれを供える。夫とけんかをしたあとで、もやもやした気持ちで神様たちの前に座り込んだが、神様は静かに蓮を見下ろすだけだった。彼女は霊媒を探した。神様の意志を伝えることのできる妖術師だ。そしてこの妖術師から、神様の考えとしては、家族のもとを離れて一生尼寺に入らねばならないと聞かされた。そこで、信頼できる召使いに二人の小さな息子の世話について指示を与え、子どもたちには、大きくなったあとどこで母親に会えるのかを、紙に書き付けた。そして、潮州府城近く[*4]の尼寺へ逃げる案内として、道を知っている老女を雇った。

誰にも見られずに村から抜け出し、その老女に連れられて観音台まで歩き、そこから町まで船に乗ることになった。観音台で、潮の流れが戻るまで何時間か待たねばならなくなったが、その間、これといってすることもなかった。すると老女が、「観音台に礼拝堂があって、りっぱな女性たちがいて、新しい教えを説いているそうですよ。礼拝堂というものも、説いている教えも知りませんが、ほかにすることもありませんから、どんなものか見に行ってもいいですね」と言う。

南隴教会の信者、蓮（右）と真宝（左）

そこで二人してあちこち尋ねて礼拝堂を見付けた。林水が出迎えたが、二人は話をしたくない様子だったため、座って説明を聞くように勧めた。二人は腰を下ろして話を聞いた。神がこの世界を創造し人間を造ったこと。人間は神にたいして罪を犯し、偶像を神の座に置いたこと。神の御子はこの世界をいとおしみ、霊的な光と真理を人間に届け、彼を信じて従うすべての者を罪から救うためにこの世にやってきた、など。

この物語は逃亡者の心に深く働き掛け、そこで蓮は自分の身の上を話し、神に従うためにはどうすればいいのか尋ねた。林水は、尼寺に行く計画はやめにして何日か礼拝堂にとどまり、この真理をもっと聞くように勧めた。蓮が四日間滞在している間に、老女は南隴に戻り、気をもみ後悔している夫に、妻がどこにいるのか告げた。そして老女は再び蓮のもとに戻り、蓮はより理にかなった義務の念を抱いて家に帰った。

しばらくして、蓮はさらに教えを求めて戻ってきた。そして林水やほかの教師たちが彼女の家へ行き、蓮やその隣人に教えた。そのとき、蓮は自分の人生を次のように私に語った。

（蓮の物語）

早くから、どこへでも神様のお参りに行くのが大好きでした。家族の末っ子で、そのために、私を可愛がってくれる家族が私より先にいなくなってしまうのが、いつも心配だったのです。祖父は地方の名士で、父は若旦那と呼ばれていました。私は一七のとき、ある名士の息子と結婚しました。自分の家では給仕してもらうのが習慣になっていました。兄弟のお嫁さんが私の世話をしてくれて、いつも朝目覚めるとベッドの横にもう朝食が用意してあったものです。私は何もすることがなく、気遣うこともなく、ウズラのように丸々と太っていました。

しかし結婚してからは夫の両親に仕えねばなりません。また、一緒に暮らしている夫の祖母にも仕えねばなりません。裕福で力のある家族で習慣になっているように、お茶やその他すべてをひざまずいて給仕します。さらにブタやニワトリの世話をして、水を運び、洗濯し、また五番目の末っ子の妻なので、一番の重労働が全部私のところに来ます。結婚する前は爪の長さが四インチ〔一〇センチメートル〕あり、働く必要のない人はそうしていました。しかし、夫の家で必要な骨折り仕事のじゃまにならないように、それを切らねばなりませんでした。

米を脱穀するために臼を回さなければなりません。兄嫁三人のうち、二人は力があって脱穀の手伝いをすることになっているのですが、もう一人は弱くて、料理をしていました。四番目の息子は妻がないまま亡くなっています。二人の兄嫁は私に臼を回させて、自分たちは米をふるいにかけます。二人が臼を手伝わないといけないような方法を考え、一人に、少しだけ仕事を替わってくれるよう頼みました。自分でもふるいがけがへたなことは分かっていましたし、ゆっくりとやれば、ふるいの上手なもう一人がたくさんやってくれるだろうと思ったのです。しかし計画は失敗でした。もう一人のふるい係りが米を二等分して、自分の分をすませたら私が終わるまで休息すると言ったのです。こうして、ふるいが、臼を回すのと同じくらい大変なことが分かりました。

まず夫の家に四ヵ月とどまってから、とても痩せて、悲しい思いで実家に帰り、母と八ヵ月過ごしました。自分の悩みについては何も話さず、とても幸せでしたが、八ヵ月が終わり義父のところに戻らなければならなくなると、私は大声で泣きわめき、ようやくのことで私に服を全部着せ、化粧が始まると、私は抵抗してわめいて準備をさせませんでした。

そして父に、どれほどつらい仕事をしなければならないか話し、戻らないと宣言しました。すると父は、そんなに倹約する地主に娘を嫁にやったのは自分の大きな間違いだった、丸々とした娘をこき使って四ヵ月で影のようにしてしまったと文句を言いに行く、と言います。それでは私が不満に思っていることが分かってしまい、私の生活はもっと辛いものにされてしまいます。そこで、あの人たちには何も言わないでと頼み、そして、自分はすぐに静かに戻って義務を果たすつもりだと告げました。すると父は、私に小間使いを買ってあげると言うのですが、すぐに買えるような者がおらず、兄弟のお嫁さんから一人借りてくれました。私はこの借りた小間使いを連れていきました。

義母はよく油かすや砂糖などいろいろな物を私の部屋に置いて、私に管理させていました。ところがほかの人たちがよく取りに来て使うのです。一番年下の私は、あまり取りすぎるなと言うこともできないのですが、彼らはよくそうしてしまい、私は自分で使ってしまったという疑いを晴らすすべがありません。それで私と小間使いは、自分たちの辛い運命を思ってよく泣いたものです。義母は、小間使いと私が一緒に泣き、私が夫よりも小間使いと仲よくしているのがひどく気に入らず、私と一一日間いただけで、私の兄弟のお嫁さんに小間使いが必要だろうという口実を付けて、その少女を家へ送り返してしまいました。

すると父は召使いを買って送り届けてくれました。一三歳で、わずか二五ドルです。すごく安いと思ったのですが、それは彼女が病気持ちだということを知らなかったのです。数日後、その子が引きつけを起こすことが分かりました。そうなったとき、私は驚いて気を失いそうでした。お金をまだ渡してなかったため、彼女を家に送り返しました。父は次に、一六ドルで私に六歳の女の子を買ってくれました。私が仕事を教え込むだろうと考えたのです。ところがその子はものすごく手がかかり、体を洗ってやって、服を着せ、服を縫ってやらねばならず、その上彼女は小さな泥棒で、炭やマントウを盗み、食べられるものには何でも手を出すのです。そこで、一〇歳になるまで置いただけで、二九ドルで売ってしまいました。

私は、二三歳になるまで子どもがなく、その間家族のものはみな私を横目で見て、子どもの出来ない女だと言っていました。母は私のことで悲嘆にくれ、子授けに霊感あらたかな神様をあちこち探し歩き、私のためにお供えをしました。私自身は仏陀の信者となり、よく断食し、部屋には二〇もの仏像を置いて毎日拝み、その前には灯明を絶やしませんでした。霊媒師に言われて息子のたくさんいる女性からご飯茶碗を盗み、それを使って床神を新しく作りました。その茶碗の底に、赤い絹の切れ端ふたつと、酵母入りマントウふたつ、とげのない一二種類の植物から採った葉っぱ一二枚を入れ、その上に、かまどか線香の灰を詰めなければなりません。こうして床神が出来上がり、それをベッドの下か上の棚に置くのです。そして、結婚してから最初の子が一五歳になるまで、新月と満月のときに女性全員で祈ります。これが、子どもを授け、守ってくれる神様です。

新しい床神を置いてすぐに子どもが二人生まれましたが、亡くなりました。そして私が二五のとき、息子の君純が生まれました。その直前に実父が亡くなり、父がどんなに私を可愛がってくれたか思い出しながら、たくさんの紙の服、トランクひとつ、本物のタバコをつめたパイプを、巻紙と一緒にその墓で燃やしました。[*5] 巻紙には私自身のこんな詩を書き付けました。「父を思い出しながら雲を見つめ、とめどなく涙を流す。死が隔ててしまった人には、二度と会えないと知って」。神様に深く帰依していたことで、村人はみな私を尊敬し、夫は私の意見を受け入れ、生活上のことでさえ私の助言を聞いたものです。今では信者になってしまい、隣人たちに尊敬されなくなりましたが、しかし、もっと価値のあるものを手に入れました。

蓮は信者として生きていく上で大きな困難と対決し続け、とても幸福だったため、夫を自分の仲間に導くことができた。年老いた実の母も蓮の影響で信者になり、友人や親戚の中にもそうした人が何人かいる。汕頭教会では、纏足をしていた女性六、七人がキリスト教の原則に従って足をほどき、足を縛っていない人のような靴をはくために、長く苦しい努力の末に、つま先を自然な位置に戻した。蓮もその一人だ。

最初に蓮が教えた人たちの中に、隣人の真宝[*6]がいた。男の子の養子が一人いる寡婦だ。真宝の身の上話は、中国の女性の心が多神教から一神教へと揺れながら移っていく道筋を、よく示している。

＊1　普寧県の東北部に位置する。
＊2　南隴の北に位置する観音場のことと思われる。
＊3　黄秀蓮。一八七八年に三二歳で受洗した。
＊4　この地方は潮州府に属し、行政の中心地は潮州の町にあった。
＊5　紙銭と同じく、死者があの世で使うためのもの。
＊6　呉真宝。一八七九年に三八歳で受洗。

（真宝の物語）

私は観音台近くの裕福な両親のもとに生まれました。一族の中でより力のある一派に属していた人たちに、宗族の械闘の間に土地を奪い取られ、持っていたすべてを結局は負けることになる裁判に費やしたあと、両親は潮州府城に移ってきました。そして私が一六のとき、一歳年下の若者のところへ私を嫁に出しました。金持ちの人たちは、息子をとても若いうちに結婚させようとします。そうすればすぐに男の跡取りが出来るかも知れないからです。ただ、夫の弟たちは結婚には若すぎたので、一歳年上の私を夫の妻として迎えたのです。

娘が三人生まれ、そのあと息子が生まれましたが一〇日で死に、そしてまた娘が生まれました。長女は手元に置き、その子は九歳まで生きていました。ほかの娘は全部、箱に入れて生きたまま川へ投げ込みました。年に一人ずつです。夫が駕籠かきを雇って、運び出して水に漬けさせたのです。小さな子が運び出されるとき、かわいそうだとは思わず、泣きはしませんでした。その子たちが男の子でなかったので、私はいらだっていたのです。女の子は要りません。女の子を手元に置かなかったらすぐに男の子が生まれるような気がしたのです。そのときは神のことを知らず、自分のしたことを悪いことだとは思いませんでした。

私が二七歳のとき、再婚してはならないと死に際に言い残して、夫が亡くなりました。この村では息子のない人は、同じ名字の親戚の子どもを跡取りとして養子にもらうのがしきたりで、そうした養子を八年間探し続け、それでだめなら異姓を養子に取ってもいいのです。親戚が落ちぶれて、息子を養子として売るかも知れません。私は八年近く息子を待ち、探し続け、夫の二番目のいとこを手に入れました。その子は耀祖という名前で、八歳でした。その父親は私に五六ドル借りていて、返すことができません。その借金と利息、そして仲人へのお礼で、差し引き一〇〇ドルになりました。

交渉が終わって耀祖を家に連れてこようというところで、夫の弟のお嫁さんが男の子を生みました。子どもが生まれて四ヵ月間は邪気がその家にかかる、というよく知られた迷信を信じて、私は息子を家に連れて帰るのを遅らせました。ところが、四ヵ月たたないうちに義父が亡くなってしまい、葬式のとき香炉を運ぶために、耀祖を連れてこなければならなくなりました。これはいつも長男の息子がするのです。葬儀を執り行うために、仏教の僧侶五人とその弟子に来てもらい、紙の服を一〇〇ドル分以上燃やしました。ただし、義父は死んでから七年になるのですが、まだ埋葬されていません。[*1]

三年前、女の伝道師が村にやってきて、蓮の家にいると聞きました。私はそれまで伝道師というものを見たことがなく、それが何か知らず、たぶん怪物か奇形の人だろうと思っていました。以前、蓮と私は一緒に縫い物をして親友だったのですが、彼女が信者になったことをみながあれこれ話題にし、彼女は高級売春婦になったのだと言うので、最近は蓮にひどく偏見を持っていました。そして長い間、彼女の家に行きませんでした。でも伝道師がどんなものか見たかったので家の戸口まで行くと、蓮は迎え入れて、私を林水に紹介してくれました。林水は私の手をとって椅子に座らせ、話をしました。

その教えはとてもいいものだと感じ、観音台の礼拝堂へ行ってもっと話を聞こうと、すぐに決めました。林水は村に一日滞在しただけでしたが、ずっと福音のことを語り続け、ほかには何も話しませんでした。彼女は観音台に戻ったあと、蓮に手紙をよこしてどの日が日曜日なのかを教え、そのとき私を連れて必ず礼拝堂に来るようにと言うのでした。私は、一般に信者にたいして言われていることが、どれほどほんとうで、どれほどどうそなのか、自分で確かめに行くことにしました。

その晩、体中に汚物を塗られる夢を見ました。次の朝、義理の妹に夢のことを話すと、もし私が礼拝堂に行けば私の名誉が汚されるという、亡くなった義父からの知らせだと言います。そこで私は行きませんでした。しばらくして、蓮の聖書を借りて読んだところ、私のブタがすぐに死んでしまいました。そこで聖書をそれ以上家に置いておけず、蓮に返し、新しい教えのことがさらに怖くなりました。

ところがその後、福音のことをもっと聞きたくなり、蓮のところへ行って、偉大な神について知っていることを全部教えてほしいと頼みました。蓮が祈り方を教えてくれて、食事の前に祈り、寝る前にも祈るようになりました。ところがそれを始めたとたん、雌鶏が一六羽盗まれてしまいました。イエスのことを考えたために神様たちが私に復讐しているのだと思い、それ以上は祈りませんでした。

そんなとき、容が村にやってきて蓮のところに泊まり、女たちに話をしました。ずっと以前、容が住んでいた村へ霊媒師に相談しに行ったとき、容が一緒に夕ご飯を食べないかと誘ってくれたことを思い出し、そこで容を夕食に招待するのが礼儀にかなったことだと考えました。ただし、教えをもっと聞こうとしたのではありません。やってくると、容はご飯を食べているときでさえ福音のことばかり話し続け、それがほんとうによかったので帰らせず、もっと聞けるように一晩中とどまって欲しいと頼みました。私は話に夢中になり、一晩中、一睡もしませんでした。

翌朝、耀祖に、「お前、これは正しい教えだと思うが、もし信仰すれば、軽蔑されることになるよ」

と言いますと、「お母さん、もし正しい教えなら信じて、軽蔑には耐えよう」と答えてくれました。こうして私たちは信者になりました。

こう決めたあと、礼拝堂から一二マイル〔一九キロメートル〕のところにいる母と息子は、家で安息日を守った。ある日曜、義理の弟がやってきて、こう言った。「もうたくさんだ。お前はもう祖先を拝まないし、家の神様を気にも留めない。この新しい宗教を捨ててこの家にとどまるか、それともお前の新しい教えにしがみついて、この家と村から追い出されるか、どっちだ」。真宝は、「ほんとうの神がいることを知ったからには、その神を崇めなければならない。あなたの好きなようにしなさい。私はキリストに従わなければならない。その方のために迫害されて死に至るまで忠実だった者のために、いのちの冠[*2]があるのですから」と答えた。義理の弟は木の靴を脱ぐと、ひざまずく真宝の纏足の足を、立てなくなるまで殴り付けた。そして彼女を通りに引きずっていくと、駕籠かき二人に、二度と戻ってこられないような遠いところへ連れていけと言った。

真宝が指し示すまま、二人は彼女を観音台の礼拝堂へ運び、信者の女性たちが世話をした。それは真宝が汕頭の訓練校に迎え入れられるまで続いた。その義理の弟は、最後には彼女が家に戻ることを許した。真宝は伝道師として自分の村や近隣の村で多くの仕事をしており、兄弟は信者になり、彼女を殴った義理の弟はときどき説教を聞きに行っている。

南隴に礼拝堂が建ち、その建物のために蓮とその夫は三五ドル、真宝は二五ドル寄付した。真宝の家の家財の一覧表は、このような具合だ。家は幅八フィート〔二・四メートル〕、奥行き一六フィート〔四・九メートル〕。壁は日干しレンガで、床板はない。部屋の奥のベッドの上には松の木で出来た棚があって、服が載っている。ベッドの下の空間は収納用に使われている。家具は、二フィート〔六一センチメートル〕×三フィート〔九一センチメートル〕の松の木のテーブルがふたつ、一ヤード〔九〇センチメートル〕四方で奥行きが一フィート〔三〇センチメートル〕の松の木の食器棚がふたつ、もみを入れておくための大きな木製の容器がひとつ、小さなカゴが七つ、米を陽で乾かすときの平らなザルふたつ、洗い桶ひとつ、菓子の抜き型二つ、架台二つ、縫い物をするとき座る高い腰掛ひとつ、洗い桶の前に座るときの低い腰掛ひとつ、ソロバンがひとつ、ふるいふたつ、料理のための石造りのかまど、紙の提灯がひとつと、皿何枚か。ベッドの上には粗末な紡ぎ車が上げてあり、部屋の梁からは、二股になった木の枝のかぎが三つぶら下がり、カゴをつるすのに使う。部屋には、女性数人で共有している織機があり、真宝はこれで布を織り、二〇ヤード〔一八メートル〕につき三〇セント稼ぐ。

＊1　おそらく、風水に従って墓地の適地を探しているためと思われる。本書「異教徒の風習の不便さ」を参照のこと。

＊2　『新約聖書』「ヤコブの手紙」第一章第一二節、「ヨハネの黙示録」第二章第一〇。

第二部

社会と習慣

女性の地位

中国での暮らしは男にとっても女にとっても過酷なものだ。しかし、キリストの教えが存在しない所ではどこでもそうだが、最も重い負担は最も弱い者にのしかかる。中国の女性は通りで夫と一緒に歩くことはない。一緒に食事を取ることもなく、家族の男たちが食事を終えたあとで、残ったものを食べる。男性親族とは異なり、女性は何にたいしても法律的な権利がない。それでもその状態は、いくつかの点では近隣の国々の姉妹たちよりましだ。インドのようにカーストのような制度のもとで苦しんでいるのではなく、トルコのようにハーレムに閉じ込められているのでもなく、ビルマのように魂や、男性と同じ宗教的特権を持つことを拒否されているのでもない。チベットのように一妻多夫によって品位を汚されているのではなく、シャムの婦人のように肌を露にして怠惰になってしまう気候の中にいるのでもない。

中国女性の貞節は、世界のほかの国と同じように注意深く保護され、極めて尊重されている。幼女と年配の女性は、見たところ垣根なく同年代や異性の人たちと付き合っている。だが年頃の女性は、インドのように隔離されているわけではないが、一人で外に出ることはなく、男性の訪問者の前に現れることもない。若い女性をめぐる習慣は、アメリカ的というよりはフランス的だ。両性の間の社会的交際において許される自由の度合いは、互いの純潔の程度に依存することになるのである。中国人はそれぞれの環境の中で最善を尽くし、キリスト教原理による浄化力と統率力が知られていない国においては控えめなものであるが、女性にあらゆる社会的自由を与えている。金品の強要が役所の常套手段となり、もっぱらそれを恐れて従順となるような国では、女も男も政治的権利を主張することはない。ただし、女性が自分の習熟している仕事に就くことを妨げるような法律は存在しない。

文学上での女性たちの才能は非常に賞賛され、尊敬されている。実際はそうした才能はめったにないのだが、歴史家たちは誇らしげに何人かの学識に言及し、小説家たちは詩や散文に巧みな人物としてヒロインを描こうとする。また中国にかんする著述家たちが、その科挙の制度と学者の出世を雄弁にまた偽りなく語っているのを見ると、教育がほぼ普及していると考えたくなる。ほとんどの村に私塾があり、そこでは男の子が何人か読むことを教えてもらっている。だが、そうした教育を受けているものの比率は非常に低く、中国の女子学校はほとんど知られていない。男は一〇〇人に一人も読むことができず、女については、私はキリスト教のミッションスクール以外では読める人をほとんど見たことがなく、例外は劇場で芝居をする蔑まれた少女だけである。[*1]この帝国全土で、女性はおそらく一〇〇〇人に一人も読むことを知らないだろう。

英雄的な行為や高い貞節によって、女性も皇帝に認可されて男のように名誉の牌楼《はいろう》[*2]を建ててもらえる。最も財力があり最も人気のある寺廟の多くが天后《てんこう》[*3]すなわち船乗りの守護神の廟であり、または以前はこの世で女性だった女神たちの廟なのだから、女性は神になることさえ願うことができる。

中国の女性が例外的に恵まれていることがひとつある。上の世代から、質素で経済的で健康的で、またよく似合う衣服を受け継いでいることだ。それは体全体を覆い、隠そうとしている部分をさらに際立たせるような多くの西洋の衣装とは異なり、体の線をじろじろ見られないようになっている。冬服をひとそろい作るには、一ヤード〔九〇センチメートル〕幅の布が八ヤードですみ、しかも裁断や不必要な付属物のためのむだもない。いつも同じ型から切り抜き、体に合わせることをまったく考えなくともよいことからくる気楽さこそが、一番の利点である。この服ではどの筋肉も自由に動かすことができ、全体が均一の厚さで、働くときの妨げにもならず、十分暖かい割にはそれほど重くもない。

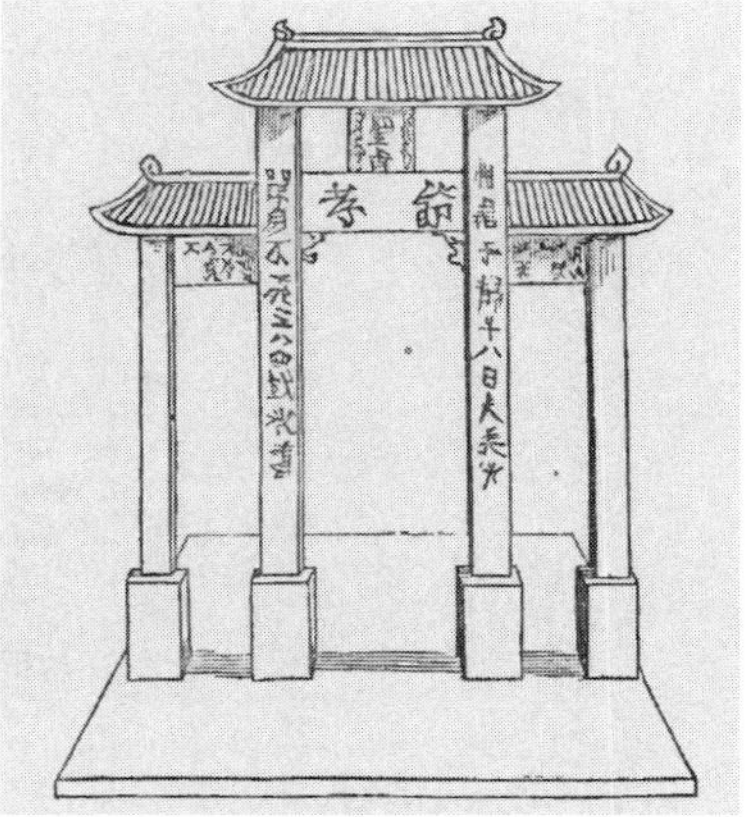

名誉の牌楼

子どもはよく幼少のときに婚約させられるが、婚約には結婚と同様の強制力があるため、中国人は知恵を働かせ、普通は結婚を一、二年先延ばしにする。そして結婚は、少女が一五歳ごろに執り行われる。

婚約の申し出は青年男子側の両親が行い、仲介者または専門の媒人を通す。その仕事は、適齢期に達した近隣の女性たちの経歴と結婚の可能性を探ることである。花嫁の選択はしばしば完全に媒人に任されるか、またはあらかじめ取り決めをしている親たちの間で単に伝言を運ぶだけのこともある。婚約はしばしば、当の本人に代わって何が行われているのかをどちらにも知らせることなく結ばれ、花嫁は夫やその家族に会ったこともないまま、婚家へ連れていかれる。そこに着くと、新婦はすぐさま義父の家族の一員となり、それ以降、自分の親族とはほとんど交わりを持たない。

新婦が幸せかどうかは、夫よりも義母の性格による。嫁はもっぱら夫の母や祖母によって支配されるからだ。家族全員のための召使いであり、義母のための特別な侍女である。こうした女性たちの間に、時折非常に強い絆が形成されることがある。私が会ったことのある女性は、しばらく義母と離れることになって泣いたのに、夫が会いに来ると言われてもうれしそうには見えなかった。他方でよく年上の女性から虐待され、年下からは嫌われることがある。

媒人

妻は、口やかましさ、不妊、淫乱、ハンセン病、夫の両親にたいする不従順、そして盗みなどで離婚させられることがあるが、両親が死亡していて帰る場所のない場合は、こうした理由はすべて無効になる。男は複数の妻を持つことはできないが、妾を入れることはでき、その子どもは法律上、妻の権限のもとに置かれる。ラケルにたいするビルハ[*4]のようなものだ。しかし一般には、妻が男の子を生まなかった場合を除いて、妾を取ることは認められない。住民が非常に貧しい地域では、男が妻を一人以上持つことはまれだ。

夫は妻を死ぬまで殴り付けることがあるが、罰せられることはない。しかし妻が夫を一回でも殴れば離婚させられ、太い竹の棒で夫から一〇〇回も打たれる。

女性は、子どもがいない間は仕えるが、母になるや支配を始め、自分の子や孫が増え、年長者が減るにしたがって、権威が増大し続ける。一五歳で結婚すると、六〇歳のときはしばしば曾祖母であり、数十人の家族の長である。

妻の幸せは息子が出来るかどうかに大きく掛かっており、当然のことながら、息子を持つことが母親の最大の望みであり、また誇りである。息子のためなら母親はすべてを犠牲にするだろう。娘たちは母のもとを離れ、法律上も実際にも、永遠に他の家族の完全な一員となる。家事、病気の看護、老人の世話、自分が死んだあとの魂の供養などは、息子の嫁に頼らねばならず、一方娘は、誰かほかの人のためにこうした奉仕をする。中国の家族が繁栄するかどうかは、息子の数に掛かっている。

寡婦は普通、義父の家にとどまり、夫の生前と同様に、その家族の一員として食事も仕事もともにする。決して若くはない場合でも再婚は非難にさらされ、不名誉なこととなる。ユダヤ人と違って夫の兄弟に合法的に嫁ぐということはできず、同姓のものに嫁ぐこともできない。もし子どもがなければ男の子を養子にすることができ、その子は実子とまったく同様に夫の財産を受け継ぐことができる。ただ寡婦があとで再婚すれば、財産は夫の兄弟のもとに戻る。

自分の生計を維持できる田畑があれば、女性は寡婦のままとどまる傾向にある。だが夫の兄弟がむりやり再婚させれば話は別だ。悲しむべき事件が一八七五年に掲陽で起こった。その寡婦は二七歳で、一〇歳になる息子が一人あった。夫は六年前に死んでいる。夫の両親はどちらもそれ以前に亡くなっており、その財産は合法的にまた平等に息子五人に分けられ、それぞれわずかな土地と、祖先からの家の部屋をひとつずつもらっていた。この寡婦は夫の家に住み続け、土地を耕して自分と子どもの暮らしを支え、家財道具を管理し、息子が大人になるのを楽しみに待っていた。ところが夫の兄弟はその財産と息子に目を付け、尼寺に入るよう寡婦に勧めるのだった。彼女は拒んだが、嫌がらせが続いた。

中国の女性には、年長者に従うべきであるというはっきりした定めはない。しかし、いざこざに疲れはて、その女性はついに、世捨て人になるつもりで仏教徒の隠遁所を訪れた。ところがそこで見たことにひどく嫌悪感を抱き[*5]、家を離れたくないとこれまで以上に固く決心した。ちょうどそのころ、新しく好ましい教えが近隣の村で伝えられていると聞き付け、次の日曜日に数マイルの道を歩いてキリスト教の説教を聞きに行った。戻ってみると、男を捜しに行っていたのだろうと、夫の兄弟がののしる。次の日、兄弟たちは、最近妻を亡くした別の村の老人に、彼女を六八ドルで売った。寡婦がその家へ行くのを拒んだため、男たちはごろつきを三ドルで雇ってロープで縛らせ、引きずっていかせた。彼女の息子は、これまで一日たりとも母親のそばを離れたことがなく、泣き叫びながらしがみ付いたが、引き剝がされて叔父の家族のもとにとどめ置かれた。

中国の女性の大きな不幸は、ひとつには婚約の解消を禁止している法律から来ており、双方が幼少のころに結ばれたものであっても変わらない。汕頭からやや離れたある礼拝堂で、一九歳の美しい少女が自分の家から私のところへ逃げてきて、養女にしてくれと懇願した。自分を誘拐して私の船に隠して連れ去ってくれさえすれば、奴隷のように私に仕えると言う。彼女は幼いころある少年と婚約させられたが、少年はその後、いまわしい不治の病が進行した。少年に会ったことはないが、どれほど恐ろしい姿かは知っており、結婚するくらいなら死んだほうがましだと言う。両親は、何年も前に結んだその約束を果たしたくはなかったが、少年の両親は彼らを契約から解放しようとしなかった。

少女の母親は、問題の唯一の解決法として自殺を勧めた。私は、少年の両親と交渉するために使者を送ったものの、合意には至らなかった。また役人を訪ねてみたが、そのような花婿であっても、そこから花嫁を救うことを許可しそうにないことが分かった。この子が運命から逃れることのできる合法的な道はなかった。数週間後、少女は夫の両親の家に連れていかれ、私はその後すぐ、彼女が死んだと聞いた。悲しみがつのって死んだのか、それとも自殺かは分からない。

自殺は新婦の間で珍しいことではなく、年配の女性の間でもそうである。何年か前、若い女性七人が汕頭近くの村で一緒に入水することを誓った。そのうち三人は少し前に結婚したばかりで、義父の家で習慣どおり四ヵ月過ごしてから里帰りしていた。七人は遊び友だちで、近所同士であり、そこで一緒に糸紡ぎや裁縫をしながら、再会を喜び合った。互いに信頼し合っていたため、互いの苦しみを打ちあけた。一人はアヘン中毒者に嫁いでいた。骨だけの黄色いかたまりで、朦朧として寝て朦朧として目覚めるだけの生活だ。もう一人は賭博常習者と結婚していた。夜となく昼となく家族の財産を食いつぶしている男である。三人目は義母が厳しくて残酷で、その下にいる者にとって生活は苦痛そのものだった。三人の花嫁はいずれも惨めで、悲嘆の声がないまぜになり、結婚していない仲間四人は互いに、「これが、私たちがもうすぐ味わうことになる悲しみ。死んだほうがどれだけましだろう」と言った。みな同じ考えだった。そしてひそかに、一緒に命を終わらせることを誓った。

七人は、結婚した仲間が習慣上では次にいつ里帰りできるかを計算し、七月の満月の日を、この世から逃れる夜と決めた。その時がやってくると、そのうち六人は晴れ着を着込んで髪に花を挿し、互いに手を取りあって月明かりの中を海岸までやってきた。そしてひもで自分たちを結び付けると、海に身を投げた。わずか一三歳の七人目の少女はその夜、一番いい服を探していて物音で気付かれてしまい、家を出るのを母親にとめられた。その後、この少女からほかの六人の運命が知られることになり、遺体が引き上げられて同じ墓に埋葬された。これらは極端な事例だが、中国の結婚制度のもとでは珍しくない不幸だ。

＊1　俳優は一般的に地位の低いものと見なされていた。
＊2　町の通りを挟んで建てられ、大きな門の形をしている。
＊3　船乗りを守るとされる天后は媽祖とも呼ばれる女神で、その信仰は中国の中、南部の沿海から台湾にかけて広く分布する。
＊4　『旧約聖書』「創世記」第三〇章第一～六節。ヤコブの妻ラケルは子どもが出来なかったため、自分の女奴隷ビルハを妾としてヤコブに与え、その子を自分の子とした。
＊5　おそらく売春を指す。清代から民国にかけて尼寺はしばしば売春宿になっていた。

子どもの生活——四男の物語

かつて、広東省潮州府掲陽のエリム村に阿四[＊1]という男の子が住んでいた。四男という意味だ。村には同じ名前の男の子が何人かいたが、四番目の息子はそのように呼ばれるのである。その間に女の子が挟まっても、数には入らない。子どもが何人いるのかと誰かに尋ねてみれば、男の子の数だけが答えとして返ってきて、娘は無視される。

このエリム村の住民は二〇〇〇人ほどで、村は山々の麓にあり、そこから平らな水田が広がり、村々がびっしりと点在する。住民はすべて同じ名字で、おそらく同じ祖先から出ている。もっとも、祖先が暮らしていたのははるか昔で、人々は互いに自分たちが五親等の親戚なのか五〇親等の親戚なのか分からない。村の住民はすべて王という名字であり、誰かを探しに行くためには、この土地をよく知っていなければならない。

住民はどこへ稼ぎに行くにしても、妻や子どもよりももっと大切な父母、祖父母とともに、妻や子どもたちを家に残しておく。またどんなに遠くへ旅に出て、どんなに長く留守にしようと、必ず、稼いだ金をすべて持って、死ぬ前にこの村に戻ろうとする。たとえどんなに粗末であっても、彼にとって家は家なのだ。

祖先の廟

村の周囲には頑丈な石の塀が築かれていた。[*2] 家はすべて平屋で、通りは狭いため、二人並ぶよりは縦に列になって歩くのがよい。ブタとニワトリが通りや、飼われている家の戸口の前をうろつき、夜には家の中に戻る。

村の中央には祖先の廟[*3]があり、その建物のために村人みながお金を寄付している。花やカニ[*4]、虎などを彫刻し、金色に塗り、その彫刻が屋根の内側のむき出しの梁を飾っている。陶磁器の花や鳥が外の棟木の上に乗り、戸口には石で出来た獅子が置かれている。壁の一方は棚になっており、小さな木の札がびっしり並び、その上に祖先の名前が書いてある。中国の暦で六四回あるお参りの日には、ここにやってきて金色に塗った紙銭を燃やし、亡くなった祖父や祖母の位牌を拝む。

村のはずれには祖廟と同じように見事な廟があり、それぞれ好みの神様がいる人たちのために、神様の画像がいくつも掲げてある。旅に出ようとする人や商売の計画をしている人、何か特別なものが欲しいと考えている人、何か災難を心配している人たちがこの廟にやってきて、肉やマントウ、果物などを捧げ、それぞれの場合に応じて一番霊験あらたかと思われる神様を拝む。皿に載せた食べ物を神様の前に並べ、線香に火を付けて神様の前でくゆらせ、ひざまずいて、額を床に付けながら願い事を唱える。そして神様に捧げた肉を下げて、家でそれを食べる。

祖廟とこの廟がここで唯一の公共の建物だ。時折寺廟の前に小屋が建ち、芝居の舞台になる。一年に何度か、村の裕福な人たちが六〇ドル以上を寄付する。*5 それは役者の一座を呼んで三日かもう少し、昼夜を通して劇を上演させるに十分である。役者は古い時代の衣装を着て、金糸で刺繍を施した絹やちりめんの上着をはおる。彼らは中国の古代の歴史を演じ、宮廷の言葉で語るため普通の人は誰も理解できないのだが、*6 村人はみな見に行く。

劇に先立って廟の主神が飾り立てられた椅子で運ばれ、役者や同じ服に身を包んだ寺廟の支援者が長い行列を作ってあとに続き、村のまわりやいくつかの近隣の村にまで行き、そしてそのあとに行われる劇の主賓として戻ってくる。*7 こうした劇は人々の主な娯楽であり、老若を問わず見に行く。このときは他村からも客がたくさん招待され、その日の自分の食べ物を携えてやってくる。

離れた山の上には、何百年にもわたってこの村で埋葬されてきた人たち全員の墓がある。墓は丘を水平に掘り、それぞれの前面が石で馬蹄形に組まれ、中央部は高さが三、四フィート〔一メートルほど〕で、両側が地面までなだらかなスロープになっている。遠くから見ると、埋葬地は大きな町のようだ。亡くなった王姓の一族はまだ生きている人たちの数をはるかにしのぐ。旧暦の二月には、祖先がここに埋葬されている人たちはみなやってきて、金色に塗った紙を墓の上に舞うように置き、その前で礼拝する。埋葬されている人の子孫が訪れたことを示すそのような紙のお供えがもし三年間なければ、墓のあるその土地はもはや個人的な財産だと主張することはできない。

丘陵地に密集する墓

エリム村の人たちは主に農業に従事し、土地から年に三回、収穫を得ている。女性は、自分の家が見えなくなるようなところへはめったに出掛けず、料理や糸紡ぎ、そして家族の上着のために棉布や亜麻布を織るのに忙しい。

小さな阿四がこの村に生まれたとき、両親はとても喜んだ。誰もこんなにたくさん息子はいないだろうと思ったのだ。阿四は清潔な布切れにくるまれて、カゴに入れられ、二本のひもで天井の梁からつるされた。そして、その中で揺られながら寝た。生まれて一ヵ月のとき、頭をあちこち剃られ、四ヵ月目には丸坊主にされた。寒い時期で、家の中に暖房というものはなかったため、綿を入れて厚い刺し子にした小さな上着で体を暖かくし、父親の古い上着二着で足をくるんだ。

墓参り

歯が生えるずいぶん前に、母親は粥を与えた。指で器用に口へ押し込み、阿四は立派に育った。ひどくぐずるときは八歳の姉の背中にある袋に入れられ、弟をなだめようとして彼女は走りまわったり、ゆらゆら揺らしたりする。阿四は人生の最初の五年間の大部分を母親や姉の背中で、肩に結び付けられた掛け布の中に座り、腕を母や姉の首にまわし、足を両側にぶらぶらさせ、屋根や空を見上げながら過ごした。

三歳になると、頭のてっぺんの髪の毛を弁髪が編めるように長く伸ばしてもらった。歩きはじめ、カゴや熊手が持てるようになるや、すぐ上の兄と燃やす物を集めに丘へ行った。二人は枯れ草や落ちた松葉、そのほか煮炊きのために集めることのできるものを何でもかき集めた。二人は家族の調理に使う燃料をすべて調達しなければならなかったが、十分に集められなかった場合は別として、めったにぶたれることはなかった。

阿四は、カゴ細工で編み竹の葉で裏を付けた、傘のように大きな竹の帽子をかぶっていた。ほかは、短い棉の上着とだぶだぶの短い棉のズボンだ。肌の色は黄色で、瞳と髪の毛は真っ黒だった。

もう少し大きくなると別の仕事があった。田畑の仕事に使う父親の水牛を引くのである。この水牛はアメリカ牛より大きく、皮膚はブタのようで、ネズミ色のごわごわした毛がまばらに生えている。角は長く、鋭く、曲がっている。水田ですきやまぐわを引き、世話をする人が、仕事中と同じく休息時にも草を食べさせにあちこちへ引いていき、穀物を踏みつぶさないように見張っていなければならない。田畑の間には垣根がないのだ。鼻孔に通したリングに結んだ綱であやつる。阿四は水田から家まで水牛の背に乗って帰り、そして、水牛が泥水の池で休んだり転げ回ったりするのを見るのが好きだった。

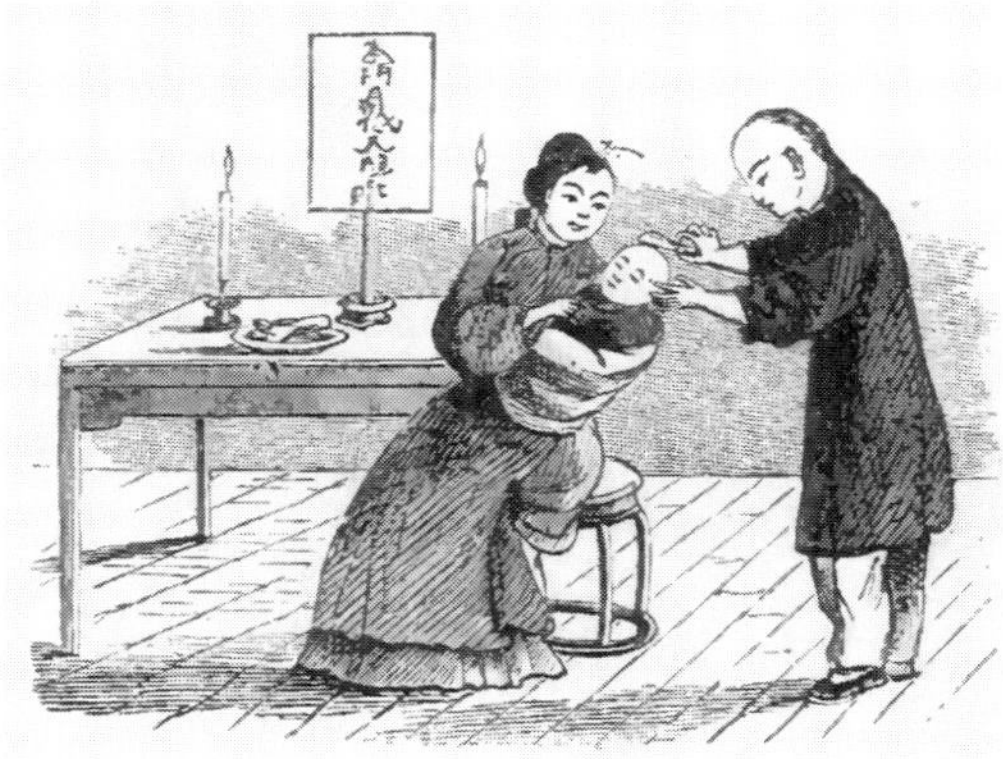

赤ん坊の頭を剃る

雨が足らないときは、阿四は龍骨車を回すのを手伝った。小川から水田の高さまで水を汲み上げ、成育中の作物に水をやるポンプだ。このポンプを足で回し、三人で一緒に車輪のつばを踏むと、ぐるぐるとつながっている板をその車輪が回転させ、水を汲む。

村には私塾があり、年に二、三ドルの謝礼を払えば教えてもらえたのだが、こうしたあれこれの仕事で、学校へ行く時間はない。阿四への教育は、最も効果的にその

牛で田を鋤く

心を形作るもの、つまり周囲にいる人たちの意見や行動であった。うそをつくなと教えられることはなかったが、盗みをすれば必ず罰せられ、所有の権利を尊重することを学んだ。古代の聖人にまつわる格言や、幾世代にもわたる知恵が凝縮していることわざをいつも聞いていた。「瓜田に履《くつ》を納《い》れず、李下に冠を正さず」によって世の中で慎重にすべきことを教えられ、「病は口より入り、禍は口より出ず」[8]や「駟《し》も舌に及ばず」[9]では言葉を控えめにすることを、「初めて靴を履いた人は足を高く挙げる」[10]で節度を保つことを、「一〇本の指はみな長さが違う」で満足することを、「歯がひとつでも痛めば、口はおだやかでいられない」で相互の信頼を、そして徳行については、孔子の銀の教え「己の欲せざる所を、人に施すこと勿《なか》れ」[11]があった。

阿四が暮らす人々の密集した地域の中で、また多様で数多い社会関係と自分に課されるはっきりとした義務の中で、阿四は自制、忍耐、勤勉さを、ほかの国の少年であればめったに身に付けることができないほど学んだ。

芝居を見たり宗教の儀式に加わったりするほかは、阿四はほとんど遊ぶということがなかった。

ただ一一月に凧を飛ばすだけだ。使う凧は、紙で出来た星形のもの、魚、鳥などで、鮮やかな色が塗ってあり、少年たちはそれを高く揚げて空中で互いに戦わせるのである。小さな風車が付いているものもあり、風で回るとブンブン音を出す。時折少年たちは、凧糸の端を固定して空高く一晩中ブンブン鳴らす。

阿四が一〇歳のとき、父親が亡くなった。その七日目に、息子たちは紙製の服、旅行カバン、紙銭、あの世で父親に必要だと思われるあらゆる品物の絵などを買い、父親のために燃やした。しばらくして叔父も一人亡くなり、阿四の兄弟たちはこの機会に父親へ服を追加で送ることにして、叔父の用品一式と一緒にそれを燃やした。

阿四の母親はまだ若かったため、母親が死んで一緒に葬ることができるまで父親の棺桶を家の中にとどめておくことはせず[*12]、すぐに丘へ運んでいった。長い行列がそのあとに続き、喪服姿の会葬者は白い糸を髪に編み込んでいた。雇われてきた楽隊が角笛を吹きながら棺を先導する。そして棺が降ろされる前に、ソラ豆、エンドウ豆、穀物などが墓穴に投げ込まれる。墓地の場所と葬儀の日取りは前もって霊媒師が選んでおり、そのような場合、霊媒師は縁起の良い場所や日を見付け出すことができると考えられていた。

しばらくして、父親が借金をしていたある有力者がやってきて、すぐに返済するよう求めた。家族はとても当惑した。自分たちの生活が掛かっている土地を売るよりほかに、借金を返す手立てがなかったのだ。ごたごたがいろいろあり、貸し主から何度も脅されたあげく、裕福な親戚に援助を求めていた母親は、親戚の申し出を受けることにした。九〇ドルで阿四をその家の息子として引き渡すのだ。阿四と母親、そして兄弟たちはみな泣いたものの、廟でおみくじを引いて出た吉日に阿四は去っていき、もはや母親の子どもではなくなった。売買契約書が作成され、母親と兄弟たちはもう阿四との関係を主張することができない。たとえ彼らが豊かになろうと、阿四を買い戻す申し出はできないのである。

阿四の姉はずいぶん前に結婚しており、その結納金は使ってしまっていた。そこで妹が一〇ドルで婚約し、将来の夫の母親が育てるためにすぐに婚家に行ってしまった。こうして、無情な貸し主に支払う一〇〇ドルが出来、老後の面倒を見てもらうための息子三人が母親の手元に残った。

阿四は、新しい家ではもう四男ではなかった。名前も啓斌《けいひん》に変えられた。「文芸への思い」という意味だ。そして阿四の境遇はずいぶんよくなり、以前の家はたまに懐かしく思うだけだった。ここには兄が一人いて、やはり養子だ。この家の夫婦には実子がおらず、子どもを自分たちの息子として育て、あの世での幸せのために死後に捧げ物をしてもらう必要があった。

以前は、阿四はゆでたサツマイモを一日に三回食べていたが、いまでは米のご飯に、魚、野菜、豚肉や鶏肉、アヒルなどを食べている。一インチ〔二・五センチメートル〕の厚さの木の底がついた靴に、木綿の靴下を履き、その上部にズボンを挟み込み、光沢を放つ青い絹の靴下留めで留め、上着は長く美しく、黒いサテンの帽子をかぶる。

学校へも行きはじめた。読む時は、われわれが本の裏側と呼んでいるところから始め[*13]、文字の列を下へたどり、ページ上部の右端から始めて下の左端で終わる。先生がまず何行か読んで聞かせ、啓斌がそのあとについて繰り返す。席に戻ると、ほかの少年と同じように、それを覚えてしまうまで、できるだけ大きな声で勉強する。そして前に出て先生に背を向けると、その部分を暗唱する。このようにしてその本全部を練習する。もう少し大きくなってから意味を説明してもらえる。

書くことも学ぶ。手本を薄い紙の下に置き、小さな筆に墨を付けてそれをなぞるのだ。筆の持ち方と運び方をよく学んだあとは、覚えていたものを書き取る。学校に何年いようとも、勉強は読むことと書くことのみだ。

一四歳になったとき、初めて村で外国人の女性を見た。彼女が現れたとき、叫び声をあげて隠れた子どもたちもいる。しかし大勢の子は、彼女が入っていった家までついて行き、彼女がしゃべり、質問に答えている間、目を丸くしてみつめていた。青い目に茶色の髪の毛。すごく奇妙に見えた。誰かが、青い目で生まれたのか、それとも目の色があせたのか、そもそも物が見えるのか、その目で壁の向こうが見通せるのか、彼女の国ではみなが赤い髪の毛なのか、顔と同様に手も白く塗っているのか、などと尋ねた。その国にはコメやジャガイモや木があるのかを知りたがり、その国は住民が全部女だけのところ[*14]よりもっと遠いのか、海の底に国や人間が存在しているのは本当かなどと尋ねる。イギリスについて聞いたことのある者は、西洋の国では女が王様になっていると言った。

その西洋の女性は本を何冊か持っており、啓斌は本が読めるため一冊貸してくれた。そして最初のこの本を全部読み通したら、別のをあげると約束した。

*1　のちにアメリカン・バプティストの伝道師となった人物だと思われる。

*2　この地方では、町だけでなく村もしばしば城壁や土塀で守られていた。

*3　宗族はよく祖先を祀る祖廟を造る。明の中期ごろから一般化してくる風習である。

*4　カニには甲羅（甲殻）があるが、「甲」は科挙の首席合格を意味する。つまりカニは、一族から科挙試験の合格者が出るようにという願いを込めた意匠である。

*5　村人に割当金を課することもよく行われる。なお、このような田舎芝居は現在でも存在する。

*6　「宮廷の言葉」はいわゆる官話だろう。また、地域によってはそれぞれの方言で演ずる地方劇もある。フィールドがいた汕頭地区には潮州劇があったはずだが、官話で上演する一座も招かれたものと思われる。

*7　廟の祭りには神様のこのような巡行を行い、他村も巡るが、それらは特別な関係を有する村であり、通常、宗教を紐帯とする共同体を形作っている。

*8　晋・傅玄の「口銘」。

*9　『論語』「顔淵」。ひとたび口から出た言葉は、四頭立ての馬車でも追いついて取り戻すことはできない。

*10　「乍穿新鞋、高抬脚」。新しい靴を履くときは、汚さないように気を付けて足を高く挙げて歩く。すなわち、物事の最初には慎重さが必要ということ。

*11　『論語』「顔淵」。「銀の教え」（silver rule）というのは、キリストによる山上の垂訓の一節「人にしてもらいたいと思うことは何でも、あなたがたも人にしなさい」（『新約聖書』「マタイによる福音書」第七章第一二節）を「黄金律」（golden rule）と呼ぶことにかけたのだろう。

＊12　棺桶を家にとどめることについては、本書「異教徒の風習の不便さ」を参照のこと。
＊13　ページの進み方が西洋とは逆になるため。
＊14　元の『異域志』や五代十国の『旧唐書』などに女人国が登場する。

嬰児殺し

本当に人々を助けようと思うなら、彼らが実際に何を必要としているのかを知らねばならない。その思考法を理解し、その独特な気質を知り、周囲から彼らにのしかかっている重圧を測り、その現実の悲しみと罪とを感知する。こうして初めて彼らを導き、慰め、あるいは力付けることができる。もし香油を正しく塗ろうと思えば、傷がまさにどこにあるのかを知らねばならない。

中国の女性のために彼らと近づきになろうとして、その生活の中の恐ろしい事実につきあたった。異教徒の女性たちが、恥ずかしさに顔を赤らめることもなく、罪の意識もなく、自分の子どもを何人も殺していることを普通の会話の中で私に語ったのである。福音によって良心がよみがえった信者の女性が、涙を流しながら私のもとにやってきて、これまでのこの犯罪が神の記録の書[*1]から消し去られるように祈ってくれと懇願した。

田舎を旅すると赤ん坊の死体をよく見掛けたが、それは生きたまま捨てられたのだという。両親が望まなかったからだ。嬰児殺しがどの程度まで行われ、また男女の子どもの死亡数の比率がどうなっているのか知りたくて、中国のほかの地域にいる何人かの女性宣教師に手紙を出し、これにかんする統計数値の照合を手伝ってくれるよう頼んだ。汕頭以外の中国の他地域について私の持っている情報は、彼らの念入りな調査と信頼に足る回答のおかげである。

芝罘《チーフー》*2では、老齢の母親二五人のうち、誰も子どもを殺したことがあるとは言わなかった。ところが、全員が女の子をせいぜい三人しか育てておらず、しかも女の子を三人以上育てたのは二人だけだった。北京近くの通州では、母親二五人のうち四人が合わせて七人の娘を殺していた。このことを調べた当地在住の女性宣教師は、次のように言う。

私たちの個人的な知り合いの中には、信頼できる証言をした人はほとんどいません。質問されるのを恐がり、また名前が書き留められると不幸が起こるという迷信のためです。この統計的な数字は主に教会のメンバーから手に入れたもので、彼ら自身やその知人にかんするものです。これらはこの地区の嬰児殺しの比率を示しているものとして使うことはできません。二五人の女性のうち四人が女児を殺しているというのは、正しくないでしょう。乞食まで含めた全階層を考慮して、一〇〇人のうち一人でさえそのようなことをしているとは、信じられません。

この犯罪は知れ渡っており、キリスト教国の同様の事例に比べればたくさん起こっています。異教の風習はどこでも身勝手で残忍なものです。女性が、中国で運命づけられているような完全に従属的な生活を送る限り、貧困と男の子欲しさのために、娘を慰めよりは重荷と考えてしまう者、ひどい失望の中で子どもを殺す者が、多くなるでしょう。ここでは、こうした犯罪は決して当局によって罰せられることはなく、無力な小さな者たちはまったく母親の衝動のなすがままなのです。ただし、私たちは時折そうしたことを耳にしますが、深刻で広く行きわたった悪業としては、この種の犯罪はここには存在しません。

張家口[*3]では、状況の分かる母親七人のうち、五人は子どもを殺しておらず、一人が四人を、もう一人が二人殺している。漢口[*4]では、女性二五人のうち八人が嬰児殺しを犯し、合わせて娘を一八人損なっている。寧波[*5]では近年は嬰児殺しがまれだと聞いている。以前はありふれたものだったが、妻が少なくなっているのに気付いて政府がやめさせたのだ。それ以来、貧しい少女を養うことを仕事とする団体が設置され、少女を結婚適齢期まで世話するための何がしかの金を両親に与えている。まだ数歳のうちに少女を売る貧しい家族もあり、買い手はしつけをした上で、ふたたび妾として売り出す。この地域の二、三のところでは、嬰児殺しが極めて普通になっている。

そうした地域から盲女がやってきて、いまでは有能な信者になった。彼女は三歳のころ失明し、そして、一度や二度ばかりか三度も水路に投げ込んで盲目の自分を始末しようとしたのは、実母ではなく継母だったに違いないと考えている。そのつど、手探りで土手にたどりついて救い出された。三回目には祖母のところへ連れていかれて面倒を見てもらい、そのあとは叔母のところへ、さらにもとの家からどんどん遠ざかり、ついには三〇〇～四〇〇マイル〔五〇〇～六〇〇キロメートル〕離れた寧波にやってきて、そこで宣教師に拾われるまで物乞いをして暮らしていた。

蘇州[*6]では、女児はあまり殺されることはないという。町の中にふたつ、すばらしく大きくて寄付もよく集まる孤児院があり、娘を育てたくない母親はみな子どもを施設に送る。[*7]蘇州周辺の田舎から子どもが一度に十何人も連れてこられ、カゴに集められてヒヨコのように運び込まれる。男の子も女の子もこの施設に引き取られ、面倒を見ようという人たちに預けられ、世話代として毎月一ドル支給される。子どもたちが働いたり商売を学んだりできるほど大きくなると、幹事会が呼びもどし、仕事を世話する。孤児の中から妻を探す貧しい男たちも多い。あまり費用を払わなくてもすむからだ。また少女は養子に出され、召使いとしても引き取られ、あとで夫をあてがわれる。そうした施設のひとつでは、貧しくて子どもに服を用意することのできない女性は誰でも、申し込めば赤ちゃん用の服一式が提供される。こうして費用が軽減されることによって、母親は子どもを生かしておこうという気持ちになる。

福建省では最近、総督が嬰児殺しを禁ずる布告を出し、違反者に厳しい刑罰を科している。ある地域では以前はこの悪事が広く行われていたが、いまではめったに見られないという。生まれたばかりの女児は、すぐに一ドルから三ドルで赤ん坊の行商をする男に売られる。福州[*8]とその周辺の母親二一人は、その家族史が確認されているが、娘をあわせて四六人、殺し、売り、また手放している。母親が娘を六人育てた珍しい事例もある。彼女がこの特異な事例の理由として語ったのは、夫が遠くへ働きに出ていて、女の子たちが生まれたときいつも不在だったことだ。夫は、子どもたちが生きているのを知ってひどく怒ったが、母親がかわいがっていたため生かしておいたのだった。

アモイ[*9]の町には嬰児院があり、嬰児殺しは近隣の地域よりもずっとまれだとされる。しかしアモイの母親二五人のうち、娘を三人以上育てたものは誰もおらず、母親五人が娘を一一人、生まれたときに殺し、一三人を売ったり手放したりした。広州[*10]では、やはり中国人の孤児院があるが、一五人の母親が娘を一三人殺している。

北京で二一年間暮らしているローマ・カトリックの司祭が私に、一八八二年には、捨てられた小さな女児が七〇〇人、生きたままで通りの溝やくぼみから拾い出され、そうした仕事のためにこの町のローマ・カトリックの孤児院から派遣されている使者が連れ帰った、と語った。また、この一〇年の間に赤ん坊八〇〇〇人以上がこの施設によって発見され保護されたという[*11]。

汕頭では、私が女性四〇人から一人ずつ話を聞き、いずれも五〇歳以上だったが、その四〇人が娘を七八人殺していた。異教徒の女性は、ふつう女の子を三人以上生かしておくことはない。四人以上育てることは、標準から大きく逸脱している。さらに女の子が欲しいかどうかは、通常、子どもが生まれる前に家族の中で決められ、望まなかったのに生まれた女の子は、性別が分かりしだい母親、父親もしくは祖母が息の根を止める。

私のもとにいるバイブル・ウーマンの隣人は、娘を六人続けて生み、そのうち五人を窒息させていた。六人目が生まれたとき、いつも同じ子が戻ってくる、もう我慢できないと言った。男の子が欲しいのであって、その女の子がまた姿を現わすのをやめさせることができるかどうか、試してみようとした。そして、六番目の子を細かく切り刻み、田んぼにばら撒いた。

生まれたばかりの子ども以外を殺すことはまれだが、このような事例があった。生まれて三ヵ月の女児の母親が死に、父親はその子の世話をするのがむずかしいと思って浜辺に連れていき、潮が海へさらって行くのに任せた。そうしたことは確かにどこの国にもあるだろう。しかし、人口三〇〇〇人の村で、隣人も親戚もみなが知っているはずなのにそれを黙認し、そのような男がそのために社会的地位を失うこともなく、生後三ヵ月の女の子を溺死させることが子猫を沈めるほどの話の種にしかならないのは、中国の女児の命がどれほど軽んじられているかを知らない者にとっては、驚くべきことである。

ほかにもあるかも知れないが、私の知る限り汕頭から五〇マイル〔八〇キロメートル〕内に孤児院がふたつある。そのうちのひとつでは、一年間に女の赤ん坊が一〇〇人から二〇〇人連れてこられる。彼らはすぐに乳母のもとに出され、面倒を見るその女性に一日につき四セント支払われる。生後一二日を過ぎ、もし丈夫で健康だったらカゴに入れられ、男が一日二〇セントもらって近隣の村々で売り歩く。その気があれば女性は誰でもこの行商人のカゴの中を調べ、その中から息子の妻にする子を選び出し、孤児院はもうその子の面倒を見る必要がなくなる。

とある夕暮れ、私は古寨の近くを歩いていて、覆いの付いた大きなカゴを、肩に掛けた天秤棒の両端にふたつ提げている男に出会った。カゴから泣き声が漏れてくるため、荷物を見せてくれと頼んだ。男が覆いをめくると、売り物はまだ幼い三人の乳飲み子で、仰向けになって、寒そうで、腹をすかせ、哀れであった。この赤ん坊売りは、その朝、売るために女児を六人持って出た。そして在庫の半分を処分したのみで、残りを家まで連れて帰るところだった。疲れたが道のりはまだ遠く、もしまとめて買うなら女の子三人を全部で一ドルにすると言う。

四〇人のさまざまな女性とそれぞれ別個に話をしてみて、また私にうそを言う理由はないのだが、すべて五〇歳以上のその四〇人が息子を一八三人生み、娘を一七五人生んだことが分かった。その息子のうち一二六人が一〇歳以上まで生きて、一方、娘はそのうち五三人だけが同じ年齢に届いた。この地域では男性の人口がはるかに過剰なのではないか、妻を見付けることのできない男がたくさんいるのではないか、という疑問がすぐに出てくる。結納金は平均四〇ドルで、結婚の費用もかなりになるが、青年男子のほとんど全部が結婚している。土地は小さく分割されてそれぞれ持ち主が耕し、年に三回収穫できるとはいえ、人口があまりに密集しているため、その生産物で生活できる上限を人口が大きく超えている。女性が海外へ行くことはなく、生きることを許される少女の数は、養うことのできる数によって決まる。纏足の習慣のために少女たちはさらに役に立たないものとなり、そのためさらに殺人の対象とされることになる。男たちは移民をして、海外での稼ぎで両親を養う。上記の女性四〇人は、彼らが殺した娘と同じ数だけの息子を海外にやっている[*13]。そして、この息子たちのかなりの部分が金を両親に送っている。

女性宣教師が集めた前述の地域の統計数値を私自身が収集したものと組み合わせると、次のことが分かる。五〇歳以上の中国の女性一六〇人が、息子六三一人と娘五三八人を生み、息子のうち、三六六人、つまり約六〇パーセントが一〇年以上生き、他方で娘は二〇五人つまり三八パーセントしか一〇年生きられなかった。この一六〇人の女性は、彼ら自身の言うところによれば、娘を一五八人殺しているが、誰も息子は殺していない。女の子を四人以上育てたのはたった四人であり、女性たちが自分で語る嬰児殺しの数は、真実からはほど遠いだろう。たまたまある女性が、望んでいた以上の女の子をはたして何人生んだのか忘れてしまった、と言ったことがある。ある女性が認めた嬰児殺しの最大数は一一人だ。

この悪習の原因はふたつあり、貧困と迷信である。キリスト教を受け入れることにより、子どもも殺しがやむことになる。なぜなら、子ども殺しの原因となっている迷信をキリスト教が打ち破り、来るべき満ち足りた生活を、男性の子孫ではなく神に頼るよう両親を導くからである。そのことで貧困がなくなりはしないものの、生活に新たな容貌をもたらしてくれる。それは完全な道徳性と精神性を獲得する機会であり、悲しみ極まるこの生活がしばしばその最上のきっかけとなるのである。

＊1　『旧約聖書』「マラキ書」第三章第一六節「主を畏れ、その御名を思う者のために記録の書が書き記された」。

＊2　別名、煙台。山東半島の北側に位置する港町。

＊3　河北省に属し、北京の西北に位置する。

＊4　湖北省に属し、長江の中流域に位置する。現在の武漢市の一部。

＊5　浙江省北部、上海の南方に位置する。

＊6　上海の西方に位置する町。

＊7　これは育嬰堂と呼ばれる施設であり、とくに江蘇省や浙江省、広東省で多く設置された。

＊8　福建省の東北沿海部に位置する福建省有数の港町。

＊9　福建省の中部に位置する港町。

＊10　広東省の中央部に位置する。

＊11　一八世紀初頭のイエズス会士の報告によれば、北京で毎年遺棄される子どもが二、三万人、そのうち洗礼を施されるものが約三〇〇〇人だったという（矢沢利彦編訳『イエズス会士中国書簡集1康熙編』平凡社、一九七〇年、八八頁）。

＊12　土地は長子相続ではなく、兄弟の間で均等に分けられる。

＊13　フィールドは、女児殺しによる男女数の不均衡が、男性の海外移民によって調整されているように解釈しているが、孤児院に引き取られてカゴで売られる女児をどのように勘定しているのか不明である。少なくともカゴで売られる女児の存在は、結婚費用が高くなってしまった社会の中で、捨て子という形で女児を循環させることによって、男性に安価な妻を提供するシステムが成立していたことをうかがわせる。本書「孤児院」に同様の解釈が示されている。

纏足

〔中国で纏足が行われていることはよく知られているが、纏足というのは何なのかを正確に知っている人は少ない。私は、自分が住んでいる地域の纏足を描くことしかできないが、〕[*1] 縛る手順、身に着ける靴の型、犠牲となる少女の社会状況などは、中華帝国の地域ごとにかなり異なっている。

〔ここ汕頭では六歳前に少女の足を縛ることはない。歩くことを覚えたほうがよいし、かかとがある程度大きく、強くなって、足を縛ったあとにまったく動けないことのないようにするのだ。〕金持ちは六歳か八歳のとき、貧乏人は一三か一四で娘の足を縛る。一五歳より遅くなることはめったにない。娘を召使いとして売った貧しい両親が裕福となり、娘を買い戻して二〇歳のとき纏足をした例はある。

縛る道具には鉄の靴も木の靴も使わない。丈夫でしなやかな、長い布切れだけを使う。私たちはよく、柔らかい力の成形力に感心させられるが、それはきっと、柔らかな力が、良いことと同様に悪いことにたいしても強力に働くということを、めったに考えたことがないからだろう。頑丈な木が、か弱いツタに絡み付かれ、締め付けられて死んでしまったのを見たことがある。

足を奇形にする包帯は、小さな機織り機で織ったもので、幅二インチ〔五センチメートル〕、長さ一〇フィート〔三メートル〕ほどだ。この包帯の片方の端を足の裏側に置き、親指以外の四本の小さな指の上に伸ばし、それを足の裏に向かって引き下げる。そして、足の下を通って甲に上がり、かかとを回って、かかととつま先が近づくように引く。そのとき甲が丸くなり、足の裏に深いくぼみができるようにする。そして、包帯が全部なくなるまで、最初からまた同じように包み、最後の端は、下の布に固く縫い合わせる。

一ヵ月に一度かあるいは何回か、包帯を付けたまま足をお湯に浸す。そして包帯を取り除き、死んだ皮膚をこすり落とし、足を揉みながら十分望ましい形にして、ミョウバンの粉を塗り、清潔な包帯をすばやく巻く。包帯を長くはずしていると、血がまた足に巡りはじめ、もう一度縛るときにひどく痛む。包帯に締め付けられて足が麻痺するほどきつく、そして絶えず縛っていれば、痛みは少ない。

縛っているうちによく肉が腐り、一部が足の裏から剝がれてしまう。ときには、足指一本かそれ以上が脱落してしまう。この場合、この上なく足が小さくなり、何ヵ月か苦しむ代償として、優美さを手に入れることができる。痛みは普通一年ほど続いたあと、しだいに減っていき、二年目の終わりには足が死んで痛みを感じなくなる。

この間、この習慣の犠牲者は、ベッドの横方向に仰向けに寝るしかない。そして足をベッドの脇にたらせば、膝の後ろの神経がベッドの角に押されて、痛みがいくぶんか鈍る。こうして足をぶらぶらさせて、うめく。一番寒いときでも布団を掛けることはできない。足に温かさが戻れば、すぐに痛みが増すからだ。その感覚は関節に針を刺すようなものだという。

形が出来上がるまで足は使えず、足の主は閉じ込められた部屋の中を動き回るのだが、足が床につかないように膝をふたつの腰掛に乗せて、体重を片方ずつ膝に乗せながら、腕で腰掛を交互に前へ進める。

足が完全に形を変えると、足裏の真ん中に、一ドル銀貨を隠せるほどの切れ込みが足を斜めに横切って出来る。親指以外の四本の指はねじ曲がり、その先端は足の内側の、くるぶしの下に見えている。足の中央部の折れ曲がってゆがんだ骨は、押さえ付けられて甲の部分で盛り上がる。その形はニワトリの頭のようだ。親指がくちばしにあたる。膝から下はほとんど皮と骨だ。その足は包帯なしでは立つことができず、決して自然な形には戻らない。それは恐ろしくて、いやな臭いのするものだ。纏足をした女性は、同じようにしている女性にたいしてさえ素足を見せることはない。ベッドに入るときは小さな棉の靴を履く。いわば足にナイトキャップをかぶせるのだ。

こうしたミイラ化した足の聖なる容器は、とても豪華なものだ。包帯とミョウバンの粉をいつも付けている。ただし包帯は半分の短さになり、しばしば白い包帯の上にきれいな黒い包帯を巻く。明るい色に塗った木製の高いかかとの付いた、刺繍の施されたサテンの靴をはき、上品なズボンが、つま先だけを残して全体を覆う。見えている部分は、野のユリの花びらのようだ。

外部の異邦人でさえ、しばしば妖精のこの足を賞賛する。それでも詩人はこの足の持ち主に言及することはない。

その足は軽く、歩みは純粋
キキョウの花が露のしずくを払う

その華奢な足は、よちよちと、またどしんどしんと歩く。その足どりはまったくヒールの先端で歩く人と同じだ。中国の詩人はその動きを揺れる柳にたとえるが、優雅に歩く人は、中国の女性の中では決して見掛けない。自然な足をしている人は、纏足のよろよろとした足どりをまねる。イタリアのことわざの正しいことが分かる。つまり、「足の不自由な人といつも暮らしていると、自分もまねして足を引きずるようになる」。

歩くときは子どもの肩を借りるか、支えてもらう人を連れる。余裕がある人は大きな足をした召使いがいて、短い距離なら背負ってもらう。私はある金持ちの家族を訪問したとき、会いに来るように近所の女性たちを誘ったことがあったが、彼らはそれぞれ召使いに背負われてきた。まためる女性の美しい家を見に行ったことがある。彼女はどこの国にも見られるような感じの良い女主人だったが、足がすごく小さくて、歩けるのはせいぜいひとつの部屋から隣の部屋へ行くくらいで、数歩進むと大理石を敷いた床に腰を下ろさなければならなかった。足の裏の長さがわずか二インチ〔五センチメートル〕の人たちを見たことがある。その靴は、幼児の靴ほどの大きさしかない。大金持ちだけが、そうした足のもたらす無力さを享受できる。ただしここでは、非常に裕福な人はそう多くない。

中層階級の纏足の女性は、しばしば一日に四、五マイル〔七、八キロメートル〕歩く。見たところ纏足らしいのに、纏足のスタイルに装っているだけの自然な形の足、というのも多い。ある村では、少女たちは結婚の直前に軽く縛り、結婚式が終わるとすぐに解いてしまう。またある村では女性はすべて大きな足で、はだしで川を渡り、長い距離を歩く。しかし町に近づいたり、祭りの日になったりすると、足をなかなかうまく上流階級の形に仕上げる。

〔汕頭からどの方向でも内陸に六〇マイル〔九六キロメートル〕以上行くと、客家地域に入る。〕客家の女性は纏足をせず、主に戸外で働くなど、活発に体を使って生活している。彼らのこの良い習慣は客家の境界あたりに住んでいる人に影響し、近隣の農婦も纏足をしない。潮州の、客家地域に接したところでは、集落や小さな村で暮らす人々の間で纏足の習慣がゆっくりと消えつつある。集落が寄り集まっているある地域では、二〇年前は少女全員が纏足をしていたが、いまでは誰も娘に纏足をしない。習慣のこうしたゆるみは、残念ながら客家の近隣の農村部に限られる。県城や大きな町では召使いと奴僕以外、女性はすべて変形させた足だ。

纏足は、階級ではなくむしろ地域差の問題である。沿海部では、農場や、最も貧困な人たちでさえ女性はすべて纏足している。最も賤しい者までよく纏足をしているのだから、纏足は社会的地位の証ではない。また、この習慣が行き渡っているところでは、最も貧しい人もそれをまねており、富の印でもない。妾も、女奴隷[*2]として家に入るのでなければ、普通は纏足女性である。中国全体では〔ここ潮州では〕、女性のおそらく九割が纏足をしている。

この習慣から生じる害悪はとても大きい。人口の半分近くを不自由な足にして、貧困に打ちひしがれた庶民の悲惨さを計り知れないほど増すのだ。女性は、生計を立てることも、子どもを世話することもできなくなり、嬰児殺しがひどく広がるひとつの原因がこれだ。女性は虚弱になって家を清潔に保つことができず、家庭を不潔で陰気なものにしてしまう。旅をすることもできなくなり、自分自身と自分の考えを一番狭い範囲に閉じ込めることになる。こんなにひどく有害な風習になぜ従うのか。それは人間の倒錯行為のひとつの謎だ。女性は纏足をしなければならない、という法律はない。そして北京の宮廷の女性たちはすべて自然な足をしている。[*3] この習慣の起源は不明で、太古の霧の中に消えている。

私が〔この地方で〕聞いたことのある、纏足に賛成する唯一の理由は、もし足が男性のようだと笑われ軽蔑されるという、ありふれたもの以外には、ある男が教えてくれた次のようなものがある。彼はこう言う。女性の足は縛っておく必要がある。そうしないと女性が夫と同じように強くなり、殴って言うことを聞かせることができない。

ただし既成の流儀から逸脱することにたいして、男性は概して女性自身ほどは強く反対しない。中国の女性にとって、最大の悲しみは息子がいないこと、その次は、近所の人たちと同じでないことである。最も小さな足は、どんな犠牲を払っても優美でありたいと願う人たちが作り、そうした人たちが自分の足の包帯を誰よりもきつく巻くのである。殉教者を生む心情は宗教だけのものではない。

〔キリストのみがこうした女性を解放することができる。神が存在しているということ、その教えに背く者に幸せはないということを知るようになるまでは、彼らを議論で説き伏せることはできない。より良い考え方を受け入れそうな人の多くは、主の意志を教えられたこの地の女性信者である。バイブル・ウーマンは決して自分の娘の足を縛らず、また可能であればどこでも纏足の習慣をやめさせることを誓っている。

私たちのバイブル・ウーマンは半分ほどが纏足をしており、半分がしていない。後者がより有能な働き手だ。教会員はそう考えており、女性が全部纏足しているような町でも、中国人伝道師と信者の住民は、大きな足のバイブル・ウーマンを教師として送ってくれと言う。こうして、「美しいのは、平和の福音を説き、恵みの喜ばしい便りを届ける者たちの足である」〔。〕

＊1 この文章は、もともと *Baptist Missionary Magazine* 60(9), September 1880, pp. 333-335 に発表されたものである。本書で省略されている部分を、カッコ内で補った。

＊2 原文は bond-maid。貧しい家庭から売られてくる少女である。

＊3 清朝の宮廷には、漢族の女性が入り込むのを防ぐため、「纏足の女子で入宮したものがあれば斬刑に処す」という決まりがあったとされる。

結婚式

中国人の言い方では、女は「結婚する」と言うが、男は「妻を取る」と言う。汕頭の西方四〇マイル〔六四キロメートル〕のところにある、これまで外国人の女性が入ったことのない町・貴嶼で、私は運よく当地のある家族の女性たちと知り合いになり、結婚式に招待された。このような家庭内の祝い事をとおしてまったくの異教徒の家族を見ることのできる機会は、外国人にとってはめったにない。私は喜んで招待に応じた。

式の前夜には、新郎側の家のドアの前にしつらえられた小さな舞台で、費用が二ドルの人形劇*[1]が演じられた。中国のほかの劇と同じように、見に来る人はすべて無料で、主催者が劇を呼んで費用を払う。家の中は、中心となる部屋の壁二面の棚にはお菓子の入ったカゴがいっぱい並んでいるが、それは家族や親戚が駆り出されて何日もかけて作ったものである。正面のドアの向かい側の壁には赤い絹のカーテンがつるされ、招待客の贈り物である祝いの言葉が書かれた巻物が、両脇の壁におびただしく掛かっている。その部屋の真ん中のテーブルには、お菓子類がみごとに積み上げてある。楽団が一晩中演奏を続け、通り掛かりの人たちはみな立ち寄って祝い事の飾り付けを見ていく。

朝早く、新婦が真紅の布で覆われた輿に乗って、家に連れてこられた。一六歳の一人娘で、婚約して五年になっていた。結婚の仲介を仕事とする媒婆と呼ばれる婦人がこの婚約をまとめ、花嫁もその両親も花婿を見たことがなかった。花嫁の両親は、花婿の父親から二八ドル受け取り、翌日さらに、現金で二ドルと、一四ドル分の食べ物を受け取ることになっている。花嫁は前の晩に、一二種類の花を浸した水で体を洗ってもらい、赤い絹のズボンを穿き、緑の絹のペチコートを着け、青い絹の短い上着を着る。その上に、首から足までの真紅のローブを掛ける。その髪は金色の飾り物でほとんど隠れ、赤い紗のベールをかぶり、その上が赤い絹のふさ飾りだ。家を去るときには大声で泣き叫ばねばならず、そうしないと両親を尊敬したことにならないのだという。

家からはただ媒婆と、儀式の進行役となるもう一人の老婦人が付いてくるだけで、四ヵ月の間自分の親族は誰にも会わず、そのあと里帰りすることになる。

婚家に着くと小部屋に入れられ、結婚の朝食時に連れ出されて夫の横に座らされるまで、そこにじっとしている。この食事のとき新婦と新郎だけが腰を下ろし、そして新郎だけが食べる。その新郎は一七歳になる一人息子で、父親は二〇〇〇ドルほどを事業につぎ込んでいる資産家だといわれている。花婿は緑色のズボンに茶色の短い上着、そしててっぺんに赤いふさの付いた黒い帽子をかぶっている。食事の間、新婦は両手を重ね合わせて座り、ベールの下でうつむいたままだ。儀式進行役の婦人が新郎の横に立ち、長い箸で、テーブルの上のたくさんの皿から新郎のために料理をとり分ける。彼女は、箸で料理を取るたびに詩を四節くちずさみ、こう予言した。来年には男の子に恵まれ、息子七人と娘三人をもうけるだろう。娘たちはみな美しく、息子たちは科挙に受かるだろう。そして新しい家を建て、金持ちになり、長寿を得るだろう。

新郎がたっぷりと食べたあと、そのとき大きなエビが大好きだということが分かったのだが、新婦は部屋に戻り、新郎が花嫁のベールを取るように呼ばれる。そしてベールが顔からはずされ、花嫁は赤い絹のふさ飾りの間から顔をのぞかせる。彼女は夫婦用の赤い寝台の横に置かれた椅子に座らされ、その両脇には彼女の衣服が詰まった赤い箱が積み上げてある。そしてそのまま一日中、静かにじっとしている。

その間、家族と親族は全員、夜の宴会の準備をする。日が暮れるころ、使いの者を送って招待客をそれぞれ呼ぶ。客はすべて男性だ。私は、女たちがいる横の部屋で、ドアのところにあるカーテンの後ろに座ってながめていた。中心となる部屋では、三フィート〔九一センチメートル〕四方の四角い赤いテーブルが五つ、適度に離して配置され、テーブルの一辺に椅子がふたつずつある。ごく小さな杯、箸、れんげ、小皿がそれぞれ客のために置いてある。餡をのせた皿がテーブルのどの角にも配され、暖めた酒を入れた壺がふたつ片側に載っている。

新郎の父親である主人は、ドアに向かって、その近くに立つ。客はそれぞれ到着するとドアのところに立ち、主人は箸を置きなおしに行き、椅子を少し動かし、そして客が座ることになる場所の前で、深くお辞儀をする。すると客は歩みを進め、主人が指し示した席のところに立つ。それぞれテーブルに二人ずつの主賓がこうして案内されると、そのほかの客が入り、儀礼なしで主人が席を指定し、全員が同時に腰を下ろす。

客はみな足先まで届く上着を着て、赤いふさの帽子をかぶっている。主人は食事の間座ることはなく、客のために料理を運び込む指図をする。彼がみずから料理をテーブルに置くときは、そのテーブルの客はみな立ち上がって受けとる。召使いが盆で料理を運び、テーブルの中央の皿に盛り付けると、客たちは、我々がペンを扱うように右手で持った二本の箸で、料理のかたまりを器用につまみあげ、この同じ皿から食べる。料理はすべてかたまりかスライスになっており、ナイフは不要で、完全に箸を使うように出来ている。スープの中に浮いているものもあるが、それは磁器のスプーンで食べる。主人と召使いはテーブルで、暖めた酒をしきりに全員の杯に注ぐ。

料理は三二種類あり、それぞれ単独でも完全なコースになるように材料が混ぜ合わされ、そして宴会が終わりに近づくにつれて料理の大きさが増す。私が見分けられた料理には、鶏、塩味のアヒル、魚、糖蜜で煮た豚肉、豆腐、薄切りにして甘いスープで煮た栗、そして肉と野菜の蒸し煮があった。すべて細かく切って混ぜ合わせてあり、フランスの料理人なら「淡白に調理した」と書き添えるところを、メニューには何の表示もない。大きめの皿には経済的な工夫がしてあった。真ん中に大きなカブが乗っており、つまり、これみよがしに盛り上げてある料理には安い中心部分があるのだ。

食事の間会話はなく、よくお辞儀をし、時折短い言葉のやりとりがあるほかは格別にぎやかなことはない。誰もが手もとの仕事に気をとられ、「あわてず、しかし休まず」食べる。新郎は、食事のあとの悪ふざけを心配して宴のなかばで部屋を離れ、その夜はもう姿を見せなかった。三ドルで雇われた楽隊四人が食事の間じゅう演奏している。宴が終わりに近づくと、儀式を取り仕切る女性が順にテーブルを回り、その場で来客に敬意を表して詩の一節を歌い、茶碗を八つのせた盆をテーブルに置く。客はそのお茶を飲むと茶碗を戻し、その中に二〇文から一〇〇文（二セントから一〇セント——原注）入れる。それは取り出して媒婆と儀式進行役の女性で分ける。小さな丸いマントウが登場して宴会の終わりが告げられると、みな席を立ち、別の部屋へ移った。すると女性や子どもたちが脇の部屋からなだれ込み、自分たちの食事のためにすばやくテーブルを直して男性の食事の残り物を並べた。女たちが食事をすませるとテーブルは片付けられ、彼らは脇の部屋に戻り、親族以外の男性客が花嫁を見に戻ってくる。

花嫁は大きな部屋には姿を見せず、媒婆と儀式進行役の女性に両脇をささえられて、一晩中座っていた小さな部屋の、そのドアに近づく。すると男性客が手にロウソクを持って、花嫁を見ようとドアのところへやってくる。そして花嫁にもう一歩近寄らせ、その小さな足を見せるように頼むのがしきたりのようだった。彼女はかたくなに床に目を落とし、身動きもせず表情を変えなかったが、老女二人に持ち上げられてようやく前に進んだ。二人がベールを上げた瞬間、花嫁は長い両の袖で顔を覆った。そのあと老女たちは彼女をその部屋の暗いすみに退かせ、客は広間でまた手の込んだ悪ふざけに戻る。

楽隊

花嫁のこうした披露は何回か繰り返され、客がしだいに厚かましくなって、文明国であれば花嫁の父親か兄弟の握りこぶしが客の顔に飛ぶほどだった。私は腹が立ってきて、花嫁のために兄弟の義務を引き受けてその中国人一六人をやっつけようかと思ったとき、客たちは「花嫁の顔を見たお礼として」銭をひと握りずつテーブルに投げ、家へ帰っていった。横に座っていた女性に、こんなふうに扱われるのは花嫁にとって恥ずかしいことではないかと尋ねてみると、これが中国の習慣であり、私の国ではそうしないのかと言う。その花嫁は自分の新しい赤いベッドで寝た。彼女の新婚の寝室は台所のすみだった。

翌朝、新郎新婦は祖先の位牌に礼拝し、家族の年長者におじぎをした。赤い布で覆われた赤い椅子がテーブルの両側にあって、テーブルの上にはロウソクがともり、香が焚いてある。新しく結婚した二人はその前で床に頭を付けて三回ひざまずく。ほかの人たちにもそれぞれこのように象徴的に礼拝するごとに、椅子がわずかに動かされ、布が掛けなおされる。その場にいない人におじぎをすることもある。出席している人は、部屋のどこにいても席から立ち上がり、不在者が赤い椅子で形式的な礼拝を受ける間ずっと立っていた。そして花嫁は赤い上着のすそをたぐり寄せて、彼女のあいさつした人が投げ入れてくれる贈り物のお金をそこに受ける。一人数十セントから一ドルだ。この金は、義父が婚姻の費用の支払いに使うことになる。

このあと新婦は自分の部屋に戻り、頭の飾り物をはずして赤いドレスをぬぐ。ほかの家族は全員、贈り物用の食べ物を新婦の家に届ける準備をする。小さな赤いひき肉パイが三六〇個、米粉の赤い蒸し菓子が四〇個、直径三フィート〔九一センチメートル〕の菓子が三つ、エビ、豚肉、魚、家禽類、菓子類などを赤い箱に入れて、運搬人が肩にかついで三マイル〔四・八キロメートル〕離れたその家に運んでいく。こうして、結婚の主要な儀式が終わった。

新婦が喪服姿の人や最近子どもを生んだ人を見ること、また近ごろ死人を出したり結婚したりした家からもらったものを食べるのは、とても不吉なこととされるため、その後四ヵ月間は注意深く見守られる。そのあと里帰りし、それがすむと夫の家族の年長者に仕える長い一生の仕事が始まる。ニワトリやブタを飼い、料理、洗濯をし、荷物を運び、自分の最大の幸福である男の子を待ち望む。ある国々では、最上の社交的な喜びを失った女性が、悲しみに暮れ、子どもへの愛情に慰めを見出す。ここ中国では、女性が夢見る最も甘美な愛情は自分の子どもにたいする愛であり、そもそもほかの愛を知らないのだから母性愛でさえ色あせる。中国の女性の生活には恋愛はなく、中国の男性の性格には、女性にたいする思いやりというものはない。ここに、四〇〇〇年にわたって人間が助けを借りずに自分自身で何ができるのかを示してきた国がある。そこでは女性は、確実にいつもお腹いっぱい食べることができるということ以上に喜びというものはなく、男性は、子孫がたくさんいること以上の、大きな野望は持たない。

＊1　傀儡戯（糸操り）、皮影戯（影絵）などの人形劇があった。

姿を見せない花婿

ある老女が、親戚のひとつに関係しているという話をしてくれた。そのとき私たちは、幼い子ども同士を婚約させるしきたりに由来する不幸について議論していた。相手の子どものことを知らないまま両親が行うそうした婚約は、結婚それ自体に劣らず人を縛り付ける。それは実際、合法的に破棄することはできず、たいていの場合、実現してしまう。両親が行った誓約から少女が逃れることに比べれば、夫が自分の妻を売るほうがずっと普通のことだ。嫌な夫に嫁がされた少女に残された道は自殺するか、ほかの男に売り飛ばされるように悪くふるまうしかない。

ある金持ちが本妻と、そして妾を何人か持っていた。第一夫人には息子が一人しかいなかったが、妾たちには何人もいる。ある日、一日の旅程のところにある町から裕福な男が商売にやってきて、書斎に腰を下ろしてこの金持ちと話し込んだ。その間、第一夫人の息子が部屋の中で遊んでいた。賢くて元気な四歳の男の子だ。訪問者は、その子の美しさと元気のよさに注意をひかれ、自分も同い年の娘がいると言った。父親二人の間で、子どもたちを婚約させる約束がすぐに出来上がってしまった。そして仲人を雇い、運勢を占い、婚約の儀式をすべてすませた。

両家の間では、何年にもわたってそれ以上の行き来はなかった。少女は成長し、魅力的な性格で、類まれな美しさとすばらしい才能を備えていた。針仕事が上手で読み書きもできる。一六歳のとき婚姻の日が訪れ、彼女は義母の家に連れていかれた。母は、服五〇〇着にたくさんの装身具、少女が好きな仕事をするためのすばらしい道具など、婚礼用具をそろえた。義父は、新婚の部屋を整えるためと結婚式の来客をもてなすのに一〇〇〇ドルを費やした。

裕福で教養のある花嫁はあまり人付き合いをしないものであり、義母の家に到着してから何ヵ月も彼女は自分の部屋を出なかった。本を読んだり刺繍をしたり、絵を描いたりして過ごし、小間使いが四人、世話をしていた。そのうちの二人は母親が、もう二人は義母が付けてくれたものだ。四ヵ月目が終わるころになっても、彼女は夫を見たことも聞いたこともなかった。この時期は、花嫁の母親が輿を送って娘を両親のもとに里帰りさせるのが慣わしである。しかしこの少女は母の招きを断った。以前の友人たちに今の家庭生活を聞かれたら答えることができないと思ったのだ。そこで母親にお詫びの言葉を送り、そして、義母にたいして孝行だとあちこちで褒めそやされた。彼女は、若い女性にふさわしい謙虚さを忘れて自分の夫について尋ねるようなことはできなかった。夫の気配がないまま、さらに一年以上が過ぎた。

そして、事態をよくよく考えた彼女は、小間使いしかいないときを見計らって、そのうちの一人に主人を見たことがあるかと聞いてみた。少女は、「もちろん。毎日会っています。もしお望みなら、お会いできるように運んできます」と言う。

「どうして運んでこなければならないの？　歩くことができないの？」

「はい、歩くことができません」

「足が痛むの？」

「いいえ、足が痛むのではありません」

「お前はいつあの人に会うの？」

「ご飯を給仕するときです」

「病気なの？」

「いいえ、病気ではありません」

「どうしてここへ来ないの？」

「あなたがあの人を呼ぶまで、連れてきてはいけないと言われているからです。今お連れしましょうか？」

「ええ」

小間使いたちは立ち去ると、男を一人大きなカゴに入れて運んできて、女主人の椅子のかたわらに置いた。彼は十分に成長していたが、まったく不自由で、手足を動かすことができず、しゃべることもできない。妻が仰天するのを見て彼は泣いた。そして声にならない声で彼女を慰めようとしているかのようだった。

娘が父親を呼び寄せると、父はくる病のその若者に目をやり、悲しさで何も言えなかった。そして娘の筆を取ってこう書いた。

「娘よ、これがおまえの運命だ」

その紙を娘に渡すと、それ以上何も言わず、きびすを返して帰っていった。

この少女はおとなしく育てられ、両家は社会的な地位のある家だったため、結婚を解消しようとは考えなかった。彼女の家族が不平を言うことはできない。婚約したときその少年は健康で、その後すぐに不自由になりはじめたのだから。それは、彼女の生まれ合わせが、その少年にとって不吉なものだったことを示している。どちらの側からも非難はありえなかった。

義母は、この少女に息子として男の子を四人養子に取ってやり、生きることに興味を持って欲しいと願った。しかし、どんどんやつれ、三年後に死んだ。体の不自由なその男は三〇歳過ぎまで生きた。養子の息子たちはそのまま成長し、結婚し、成功し、地所の主要な部分を相続し、今では祖先の墓にお供え物をしている。

住居

住民の大部分は農民だが、彼らは村に住み、家が散在しているのではない。[*1] そして村は実に多く、どこでも、どの村からも別の村がいくつも見える。人々は遊牧生活から最も遠い存在だろう。同じ家族が代々同じ家に住んで同じ土地を耕し、それは父から子へと確実に伝わる。

ほとんどの人があばら家に暮らし、ひとつだけの部屋でブタやニワトリと一緒に眠り、食べる。夏の間じゅうコレラが流行し、冬は天然痘、そして一年をとおして寄生虫がいる。人々はその住まいにすし詰めになり、自分だけの部屋を持っている人はほとんどいない。私の知っているある中国人は、唯一、前面が赤褐色砂岩で出来た家を一人で独占している。大きな褐色の岩がいつのころか別の岩に倒れかかり、一種の差しかけ小屋の屋根と壁のようになって、下の狭い割れ目に独り者が住み付き、道具や、近くの田でとれたモミを保管している。彼はその住まいの両端に、石とモルタルで広い出入り口をふたつ作り、また外で炊事をすることによって煙突を付ける手間をはぶいた。彼一人だけが住んでいるごつごつした丘の中腹が、そのちらちら光る火によって時折絵のような美しさになる。

住民の大部分は小屋に住んでいるが、中やまわりに汚物が堆積しているせいで家畜小屋になってしまっている。壁はある種の安っぽくて大ざっぱな石作りだ。屋根は瓦ぶきで、松の梁と垂木で支えてある。部屋で唯一開いている部分はひとつだけのドアで、ここが閉まると、屋根にはめ込まれた二つ三つの半透明の貝殻やガラスから光が入ることになる。床は土間のままで、叩いて硬く平らにならしてある。こうした住居の家具といえば、通常、松材のベッドと腰掛、モミ材のテーブル、土製の炉と陶器の甕、そして言語に絶するがらくたの山だ。誰も一人離れて独立した家に住まないし、住もうともしないため、こうした小屋が互いにすき間なく建っている。それは幅一ヤード〔九〇センチメートル〕の通りに沿っていたり、あるいは石版で舗装された中庭を取り囲んでいたりするが、その中庭では洗濯物を乾かし、ブタを飼い、食物を天日で干す。

やや良い家は通りに面した高い塀に入り口があり、この正門の後ろは空に向かって開いている中庭である。そしておそらく井戸と、花を付けた灌木の植木鉢がいくつかあり、さらにツタが格子垣をはい上がっていることもある。部屋が中庭を向いて取りかこみ、一番奥に同居人全員が共同で使う大きな部屋があり、正門に面した壁に家族の神様のための大きな棚がある。この共同の部屋はよく、集めてきた農作物や農具、織機、染色用の壺、家族の女性たちが使う洗濯だらいなどの置き場になっている。中庭の両脇には寝室がふたつあり、普通は家族の年長者が入る。息子たちが大きくなって嫁を迎えると、この部屋が割り当てられ、息子はそれぞれ部屋をひとつ持つことになる。そして結婚した兄弟たちとその子どもも両親と一緒に、さらには祖父母や叔父たちも同じ家に住む。

中国の大部分の人たちは、こうして通気が悪く、天井と床が張ってない部屋で暮らし、夏は恐ろしく暑く、冬は恐ろしく寒く、いつも悪臭に満ちている。おそらく住民の九九・九パーセントはそうした不潔で不快な家に暮らしている。

裕福な人々は通常平屋の家に住み、敷地が広く、彫刻や壁画で飾ってある。家には中庭や庭園が備わり、凝った小洞窟、魚の池、蓮池などが数ヤードの空間の中に入っている。中国人は自然の縮図を極めて賞賛する。漆喰の壁は比較的高く、鳥や花、歴史的な光景、または不思議な渦巻き模様で飾られている。天井の梁には彫刻が施され、床にはカラーのタイルが敷き詰められる。大きな複数のドアとたくさんの中庭によって光と空気が入り、内外を遮断する塀が周囲をぐるりと囲み、泥棒から身を守る。こうした家には、東洋美術の最高の様式で彫刻が施された黒檀や石の置物が備えてある。陶磁、青銅、ヒスイ、銀のすばらしい器が、刺繍の施された襦子やちりめんの長衣を着たこの家の主に供される。

中国式の家の建て方は私たちにとっては快適なものには思えないが、ひとつ確かなのは、そ

広東東部の村

こに住む人は最小限の費用で最大限の快適さを得ていることだ。穴のない塀は泥棒を寄せ付けない。ただし屋根が最もねらわれやすく、誰かがいつも家にとどまって、瓦をずらして出来た穴から物がつり上げられないよう見張らねばならない。天井は暗くて湿気を呼びやすく、シロアリが好み、屋根の梁がすぐに崩れる。最も安上がりな床は木製の厚い靴底で、足に付けて歩き回ることである。綿入れの上着は燃料よりもはるかに金が掛からず、暖炉やコンロの費用は要らない。ゆったりとして丈夫で健康的なその上着を昼間働くときと同じく夜休むときも着ており、ワラの敷物一枚を敷いただけの平らな板の上に寝るという我慢強さのために、狭い空間が耐えられるものになっている。

こうした家が本当の意味で不快なのは、貧しさではなく陋習による。女性は纏足のためにあまり家をきれいにしておくことができない。白は不吉な色だという考え方のせいで漆喰が嫌われ、壁はうろこ状になる。あらゆる点で風水思想に妨げられ、縛られている。キリスト教の真理が中国社会の基層に浸透するとき、またそうして初めて、中国人は健全な住生活を送ることになるだろう。そのとき、これ以上費用を掛けなくても、こうしたあばら家がコテージとなり、小屋が住まいとなるだろう。

町は外観が非常に均一で、家々はほとんどすべて平屋で、屋根は灰色の瓦で覆われほぼ同じ高さだ。町はつねに城壁で囲まれ、それは高さが一五フィートから一六フィート〔四、五メートル〕*2あり、頑丈な門が付いていて夜間は閉まる。地方の町と、地方の役所の所在地となっている町が一七〇〇ほどもある。役所の所在地は平均して人口一〇〇〇万人で、地方の町は一〇万人である。

*1　この地域の村は、しばしばまるで町のように家が密集している。
*2　原文は「六〇」だが、おそらく「一六」の間違いである。

異教徒の風習の不便さ

偽の神々の崇拝者がこうむる精神的な大きな損失のほかに、その宗教に由来する日常生活上のたえまない不快なことがある。

漆喰はよく知られている材料で、とても安くて簡単に手に入る。人々が住んでいるあばら家の壁に塗れば虫除けになり、またわびしいその部屋が明るく、健康的になる。ところが白は不吉な色だと考えられていて、建物は何十年も汚れたまま放置され、壁は煙やかび、垢で黒くなっている。

ステーションのひとつで礼拝堂に通じる小さな部屋を借り、私の寝室に使おうと思い、漆喰を塗りたいと家主に頼んだ。家主は、白は喪のとき着る色で、自分が所有する部屋に漆喰を塗れば家族に死者が出るかもしれないので、そんなことはやめてくれ、と言う。そこで私はそのステーションにいるときは、窓のない、何世代もの居住者の発散物で覆われた壁の部屋で寝なければならなかった。

部屋はしばしば光も換気も欠いている。窓は悪霊の出口で、それが隣の家の住人を傷付けると考えられているのだ。地方のステーションで借りた家の壁に窓を開けようとして、隣人が激しく反対していると言われたことが何度かあった。そんなことをすれば、とんでもないことになると言うのだ。ただし幸いなことに、口をあけた陶製の虎[*1]かあるいは壺やカゴでもいいのだが、それが向かいの家の屋根に置いてあれば魔物を捕らえて、窓を無害なものにしてくれる場合もある。

道はすべて入り組んで曲がりくねっているため、古くからの住人以外は、たとえ隣村でさえも案内人なしでは行こうとしない。実際に引っ張っていく以外の方法で、誰かをどこかへ行かせるのはむずかしい。必然的に、旅人たちはみな個人的に案内してもらうことになる。二点を結ぶ最短距離は直線だということに、中国人は気付いていないようだ。教会員を訪問したり、小さな村で説教したりするとき、この事実に私はまず思いをめぐらせた。平地でほんのわずかしか離れていないように見える村へ向けて出発するのだが、そこへ至る道はいつも、私の足にとっては見た目よりも何倍も遠かった。しばらくして私は気付いた。道や水路は全部、迷路になっているのだ。さまよい歩く悪霊が、その土地の住民の家にたどり着く道を簡単には見付けられないようにするのだ。

人口二〇万のある町の城壁に、潮の干満が生じる運河が面し、そこを月に数百の船が行き来している。ところが運河に架かる橋が低すぎて、干潮のとき運河を通るには荷物を降ろさなければならない船が、潮が高いときは、下を通るために重い荷物を積み込まねばならない。その結果、運河で船がよく渋滞し、通れなくなってしまう。そして八つの低い橋のために大きな町の交通がいつも妨げられて、ほとんど麻痺してしまう。橋は高くすることができない。神様のためのものは別として、背の高い建造物は周囲の住居に悪い影響があるとされているからだ。

家族の繁栄は、亡くなった祖先の墓が故人を満足させられるような位置にあるかどうかにかかっている、と考えられているため、占い師が墓の場所を選び出すまで、親の埋葬がなされない。埋葬地の選び方は秘術であり、丘の上で、墓の適地を形作っている土地の正確な配置や風水との明確な関係を見付け出すのは、しばしば困難である。そのため、棺に納められた死体が、生きている人たちの住居によく何年もとどめおかれ、残された家族全員に有害なほどだ。

風水の規則を守るために巨額でむだな出費が生じる。蘇州で、二つのよく似た塔が中国の毛筆をかたどって建てられ、その後しばらくの間、町の、この塔がある地域の学者が科挙で大成功を収め、いままでになく大勢が学位を獲得した。しかし町の一方の地域の側の学者はうまくいかなかった。成功した受験者たちは、筆の塔によって幸運を自分たちの方に引き寄せてしまっていることを、いたく嘆いた。幸運は町全体に平等に分け与えられるべきなのだ。失敗した学者たちが改善策を探し、採用した。彼らは自分たちの近くにもうひとつ、巨大な墨を模した塔を建て、その後、文房具をあがめる人々に神様が授ける恩恵を分かち合うことになった。

あまりに貧しく十分な食糧がない人々は、せっかく稼いだ金を神々や悪霊への供え物に使ってしまっても、それでも神様や悪霊への不安や恐ろしさから逃れることができない。私は個人的に次のような悲しい事例を知っている。ある夫婦が結婚して何年にもなったが、子どもがいなかった。妻は近所の廟で何度も祈り、供物を捧げ、もし息子が授けられたらすばらしいご馳走をすると、その神様に約束した。ついに願いがかない、喜んだ二人は神様への約束を果たそうとした。ところが二人はとても貧しく、土地をほんの少し持っているだけで、それで生活の全部を支えていた。どうしたらいいのか頭を悩ませた。借金のできるような金持ちの友人はおらず、質入れできるようないい服もない。日々の糧以上のものを稼ぐあてもない。それでも神様には満足してもらわねばならず、さもないと自分たちや子どもに大きな災いが降りかかる。結局、自分たちの唯一の頼みの綱であるあの土地しかなかった。幾度も話し合った末、神様の恐さが勝ち、三〇ドルで土地を売って神様の前でお礼の祝宴を開いた。

そののち二人は苦労したが、希望がなかったわけではない。息子が一人おり、この世で年を取ってから裸で腹をすかして過ごす必要はなく、あの世でもその心配はなかった。あちこちで雑用を引き受けて働き、なんとか暮らしを立て、子どもを育てた。その少年が八歳になったとき、もう一人息子が生まれた。また神様にお礼をしなければならない。しかしこのときは売る土地もなく、貧乏のどん底だった。価値のあるただひとつの持ち物は、八歳の息子だ。その子は利発で顔立ちもよく、子どものないある金持ちが、自分の息子に欲しがっていた。あれこれ相談したのち、神様が恐くて、また赤ん坊にご利益があるのではと思い、ほかに金を作る方法も万策尽きて少年を一五ドルで売り渡し、神様の前でまた祝宴をはった。だが長男が行ってしまい、祝宴が終わるや、赤ん坊が天然痘にかかって死んでしまった。絶望して半狂乱となった母親は、死体を持ち出して神様の胸の前に縛り付け、こう言った。「おまえは私たちの家を食べ、鍋釜を食べ、八歳の男の子を食べた。私たちの持っていたものが、みんなおまえの胃袋に収まった。今度はこれを食え！」

日時を数えるのは、とても手間が掛かる。中国人は四〇〇〇年以上、時を一二の周期と一〇の周期とに分け、同時に、前者のうちの五つと後者のうちの六つが六〇という大きな周期をなしている。[*2] 一二の周期のそれぞれは一二種類の動物、すなわちねずみ、牛、虎、うさぎ、龍、へび、馬、やぎ、猿、鶏、犬、そして豚によって表される。一〇の周期は五つの物質、すなわち木、火、土、金、水に割り当てられている。[*3] それぞれの年、月、日、時間はこうしてふたつの部分からなる名称がつき、永遠に回転していくこれらふたつの周期のそれぞれに属していると考えられている。そして、これら四種の時間によって表されるものが互いに調和しているか衝突しているかによって、良い時間と悪い時間というものがある。

これらを考慮して運勢を占い、吉日を選び、重要な商談のための一番いい時期を決める。もしその年が水に、日が火に属していたら、火と水のように互いに相容れない要素の対立から発生する危険性を、月か時間の影響でその性質が変わることによって未然に防がない限り、その日時は不吉である。金属は火に溶けるため、周期の中で金と火が同時に現れると、その時期は良くないものになる。ただし、ほかの四つの要素は互いに出会っても危険はない。

一二の周期の中の動物は互いに、また一〇の周期の要素との間で、敵対もしくは親和的関係にあり、そうした対立の結果を算出するのは深遠な問題であり、この世の出来事に大きな影響を持っているとみなされている。

運勢を算出するのは、主に盲人である。多少とも熟練した親方にやり方を習い、その稼ぎで暮らしを立てる。道具と稼ぎを入れた袋、そしてやってきたことを知らせる鈴を持ち、先導役の子どもの肩に寄りかかって地方を歩きまわる。子どもが新しく生まれると、母親は普通、盲目の占い師を呼び入れて、自分の子どもが特別な危険にさらされていないかどうか助言を求め、災難から子どもを守るために神様にどんなお供えをしなければならないのかを、教えてもらう。必要な情報を占い師に知らせ、占い師は、教えられた数にもとづいて、つまり子どもの誕生日の年、月、日、時を使って、ふたつの周期の中で運勢を計算する。そして前もってどんな災難に備えなければならないかを告げる。

母親が、お供えをして子どものために神様に懇願してくれるよう占い師に頼むと、占い師はその儀式の費用として必要な金額を示す。母親はおそらくその金額に納得しない。すると占い師は、母親が自分で近所の廟の神様に必要な供え物をしてもいいと言って、子どもを守るために捧げなければならない品々の明細を言いはじめる。その明細はどんどん長くなり、いったいいくら掛かるのか支出に恐くなった母親は大急ぎで、災難を全部取り去る費用として最初に出された金額を支払うことに同意する。占い師の手数料は普通、もし子どもが元気で母親が貧乏なら、二〇セントから一ドルである。占い師の要求がたとえ法外なものであっても、母親は彼が怒ったまま帰るようなことはしたくない。教えられた情報を利用して子どもを害するようなまじないを占い師がしないようにするのだ。交渉がまとまると、彼は、お守りとして子どもの身に着けるようにと、香の入った小さな袋を母親に渡して立ち去る。占い師はその子どもの運命には責任を持たない。母親は、おそらくこれまでその占い師に会ったことはなく、これからも会うことはないだろう。八割もの母親が、生まれて一ヵ月以内に子どもの運勢を占ったことがあるという。

運勢についての暦[*4]には、それぞれの誕生日に合った運の良い日が載っており、文字が読めれば誰でも見付けることができる。旅に出る、家を建てはじめる、初めて家に入る、新しく土地を開墾する、井戸や穴を掘る、屋根を直す、台所のかまどを築き、臼を備え付ける、布を織りはじめる、初めて子どもの頭を剃る、少女の髪を女性のスタイルに結う、花嫁の寝台を組み立てる、妻を家に迎える、祖先の財産を分ける、遺体を棺に入れる、葬式を出すなど、どんな企てにも吉日を見付けなければならない。そうしなければ何か不測の出来事が起こったり、困ったことが持ち上がったりすることになる。

何人もの人が関係している場合は、全員の誕生日を考え合わせて、全部に合った日を決めなければならない。葬式には、家族のうち生きているもの全部の誕生日を計算に入れる必要があり、さもなければ誕生日の合わない人にとって、その葬式が致命的なものになってしまう。もし家族の誰かがウサギの年に生まれ合わせ、家族の別の人の葬式が周期の中で犬に相当する日に行われると、そのウサギ年生まれの人にとって葬式が命取りになる。なぜなら、犬はウサギを殺すからだ。

時には、子どもの運勢が家族の年長者やより敬うべき者の運勢と合わず、相性のいい人に売り渡されたり譲られたりすることがある。子どもがいなかったはずのある女性が私に、自分の五歳の息子を見せたことがあった。夫が彼女のために七〇ドルでその少年を買ったばかりで、少年の運勢は実の母親と合わないとされていた。その母親は息子が生まれて以来、ずっと病気だった。新しく息子が手に入って、以前は子どものなかったその女性は大喜びで、少年は新品のズボンをはいて彼女のまわりをうれしそうに飛び跳ねていた。一方、実の母親は唯一の息子を失って死ぬほど嘆き悲しんでいた。

この世を去る者たちには、旅支度が必要だと考えられている。中国の服装は基本的に、ゆったりしたズボンと上着からなっている。夏はこれが労働者の服となり、市場や教会へ行くときさえ着ている。金持ちや文人は、気候や職業に合わせて二種類かそれ以上の服を着る。地味な白い長衣はよく直接身に着け、その上に色物を着る。盛装のときは女性が長いスカートを着けるほかは、男女の服はよく似ている。どんな服でも紙の模造品があり、葬式のときに燃やす。大きな町でも村でもどこにでも、そうした商品だけを扱っている店がある。出来合いのものがたくさん保管してあるが、紙も用意されていて注文で仕上げる。

家族から死者が出ると、一番貧乏な人たちはそうしたものを少なくとも一ドル分、金持ちはよく一〇〇ドル分以上も燃やす。貧しい人は死んだ七日目にそうした紙細工を燃やし、そのとき霊魂が、自分は体から離れたと気付き、そして黄泉の国に赴くのだという。金持ちは占い師に吉日を選んでもらい（死後一〇〇日以内である）、紙の服をいつ燃やすのか友人や親戚に知らせる。やってくる人たちはみな、火の中に加える供え物を携えている。大量の服の模造品が焼かれ、そのほかに紙の船、馬、輿、旅行カバン、紙銭、寝具、アヘン用のパイプ、敷物、めがね、召使いや従者の絵、そして旅行者が遠い国に旅立つとき使うあらゆるものがある。

この種のものは焼くうちに本物へと姿を変え、それを受け取った霊魂がさらに快適に、また豊かになるのだと考えられている。こうして旅立った者は、物をたくさん持っている金持ちのように見えれば、冥府の役人や裁判官からより丁寧に、寛大に扱ってもらえるとされる。そのような品々の詰め合わせをほかの霊魂への贈り物として持ってきて、新たに出立する霊魂の物と一緒に燃やす。これから彼岸の世界に行こうとする者が、すでにそこにいる者に届けるのであり、それはちょうど、中国に住んでいる人がアメリカにいる友人へ、そこに向かう共通の知人に託して小包を送るようなものだ。ただしこのような贈り物は、親しい者が死んでから三年以上にわたって捧げられることはない。三年を過ぎると霊魂はもはや地上の親族が送った衣類を着ない、とされているためである。

このような紙細工を売ったり燃やしたりしている人に、霊魂がそれを受けとることがどうして

葬式

分かるのか、死んでから七日間は霊魂が体を離れないとなぜ思うのか、なぜ紙の衣服を三年以上は使わないのか、などと尋ねてみれば、「分からない」と答えるだろう。これらの説は彼らの聖人が述べたものではなく、書物の中に書いてあるのでもない。ただ隣人たちが語り、そのように行い、そして彼らもその習慣に従っているのである。

葬式の準備をするとき以外は、こうしたものを買うことはないし、家に取っておくこともない。そのようなことをすれば家族に死者が出るという迷信のせいだ。

ある日、私はそうした商品を作って売る店に入ってみた。棚にもカウンターにも、ちりめん、サテン、ベルベット、錦織などのすばらしい模造品が積み上げられていた。そして店員は、糊を使って、それらを忙しそうに衣服に仕立てていた。すぐそのあとで、そうしたものが一山ちょうど焼かれたばかりの所を通り掛かった。風が灰をあたりに撒き散らしている。そのとき私は思った。貧しくて裸の魂が、かつて家族だった人たちのそのような無益な努力では服も着せてもらえず、助けてももらえないまま、たった一人で恐ろしさに震えながら漆黒の世界へと漂い出ているのだと。その旅立ちは、神が存在し、そしてその世界では神の子どもたちは恐れや孤独を感じねばならない場所はもうない、ということを知って旅立つ者と、なんと違いがあることだろう。

＊1　風獅爺や風獅と呼ばれる獅子像。沖縄のシーサーと同じものと思われる。
＊2　干支の六〇の周期を言う。十干と十二支を先頭から順にひとつずつ組み合わせていくと、数がふたつずれているため六〇種類の組み合せが生じ、六一個目で最初の「甲子」に戻る。フィールドの言う「五つ」と「六つ」が何を指しているのか不明である。
＊3　たとえば、甲、乙はいずれも「木」に属している。
＊4　通書と言う。日本の高島暦のようなもの。

心霊術

中国では男も女も多くが時折物に取り付かれた状態になり、そのあと錯乱が続き、霊媒や神々の通訳者として相談を持ち込まれる。神様の代弁人になっているとされるのだ。最初、すぐ目の前に置かれた金紙をじっと見つめることで憑依状態に入っていくという。その間本人はテーブルの前に腰を下ろし、その上には香炉があり、香が焚いてある。その後は、いつ何時でも、招かなくても家族の霊がその霊媒に取り付く。

霊媒は憑依状態の中で、ある決まった日に自分が何をするのかを、支離滅裂な言葉で前もって告げる。そして熱心な信奉者は、超自然的な力とされているものを示すための道具を用意する。よく行われるのは、焼けた炭を敷き詰めたものの上を歩くことや、煮えたぎった油で体を洗うこと、刀の梯子を登ることなどである。焼けた炭床は、長さが数十フィート〔十数メートル〕あるが、炭がぎっしり詰まっている訳ではない。身のこなしの軽い人は、すきまだけを踏みながらその上をすばやく駆け抜けることができる。煮えたぎった油で洗うのは信じられないように見えるが、ほんとうは危険な技ではない。燃えさかる火の上に置かれた大きな鉄鍋に、煮えたぎった油が入り、一二種類の花が浸してある冷水につけた小さなタオルが、鉄鍋の横の桶に入っている。霊媒が駆け寄り、タオルをさっと取ると、それを油の中に突っ込んですぐに引き出し、それで自分の体をこする。冷たい水が熱い油と混ざり合って大変な騒ぎになるが、タオルはせいぜい温かくなるだけで、それで体を洗っても危険は生じない。刀の梯子は、誰にでも安全に登れるだろう。その刀は刃が鈍く、また刀を垂直に固定している木のくさびが刀の刃の上に突き出ていて、登る人の安全な足休めの場所になっている。

少なくとも一度、霊媒でもない者が梯子を登ろうとしたのを、単に冒瀆的な行為に恐れをなした見物人が押しとどめたことがあった。その人は、超自然的な助けがなくても登れることを証明しようとしたのだった。危険なのは、梯子をその場に支えている締め具が不安定なことだけだ。霊媒が何人か、一番上にいるときに梯子が倒れて死んだという。もし霊媒が刀で足を切ったり、炭や油でやけどをしたりすれば、こんなふうに説明される。つまり、最近、息子が出来たり妻をもらったりした人が技の最中に霊媒を見ていたせいだ、と。

私が個人的に知っている人の中に、前に霊媒だったか、あるいは今でも霊媒をしている女性が何人かいて、そのうちの一人が掲陽川沿いの観音台に住んでいる。彼女自身の説明によると、霊媒を二〇年やってきたが、今では、イエスが自分を悪霊どもから救い出すことができるし、救い出してくれるだろうと信じているという。初めて霊に取り付かれたときひきつけを起こし、意識が錯乱し、そんな状態で、明日の朝、燃え盛る炭の上を歩くと宣言した。我に返ったとき身震いして泣いた。焼け死んでしまうだろうと思ったのだ。ところが、人々はそういった宣言に慣れていて、長さ三五フィート〔一〇・六メートル〕の炭床を用意した。そして約束の時間に彼女はふたたび錯乱状態となり、無事にその上を渡った。

それ以来、ペストが起こりそうになったり、毎年コレラが流行しそうになったりすると、彼女はこの錯乱状態に入ってナイフで舌を切り、その血を大きな樽の水に何滴か落とした。この水を伝染病の特効薬としてみんなが飲むのである。彼女は残った血でお守りの札を書き、人々がそれを魔除けとして戸口の両側の柱に貼ったり、身に着けたりする。彼女はときには、同じ背丈の小さな少女が二人、自分と一緒に火の中を歩くだろうと予言する。そして彼女が歩き出そうとすると、村の少女が二人、大勢の見物人の中から押し出され、自分でも分からないうちに彼女の後について火の道を渡らされる。彼女はまた頭のかぶり物を取ると、煮えた油の鍋に漬け、火傷もせずにそれで自分の体を洗う。しかしそれを少しでもまわりの人に撒き散らすと、彼らは火ぶくれが出来る。

この状態で彼女は女の悪霊に取り付かれ、自分自身ではなく、その者の言うがままになる。彼女によれば、取り付かれたときの感覚は船酔いよりもひどいという。船酔いというのはおそらく、彼女が船で私の家に来たときの初めてのひどい経験のことだろう。彼女はいつもこの霊とつながっていて、人々が絶えずやってきて、彼女を通してその霊に助言を求める。彼女は仲介者としての謝礼は求めないが、霊をなだめるためにはどんな供え物が良いのかを教え、お祈りの儀式が終わったあと残った食べ物をもらう。

彼女がバイブル・ウーマンに出会って福音を聞いたすぐあと、男が一人、子どもの病気について霊から助言を得ようとやってきた。しかし彼女は儀式に使う香炉をつかむと、付属品と一緒に全部川に投げ込んでしまった。彼女の信奉者たちは、おまえは気がふれてしまったと言ったが、彼女は、今ようやく正気に戻ったのだと答えた。

たいていどの村にも霊媒が一人か、あるいはそれ以上いて、それぞれに自分の霊を持っている。もし心霊術が良いものなら、中国は最も開けて畏敬すべき国のはずだ。しかし霊媒師はこんなに多いのに、彼らを通してもうひとつの世界から実用的な知恵がもたらされることはない。地球のあの世の側で、この世の側と同じように、故人となった偉人たちはこの方法で人間たちと通信しようとはしない。

孔子は五常[*1]の義務について霊媒を通して教えを補うことはなかったし、シェイクスピアも、彼らを使って新しい詩を同国人に送り届けはしない。中国の船を発明した黄帝[*2]は、ジャンクの改良を提案することもなく、ワットは蒸気機関について何も付け加えていない。大洪水のあとに国土から水を抜いた禹《う》[*3]は、その後の洪水については役に立つヒントを与えてくれず沈黙している。電信のより完全な絶縁体についてモールスが沈黙しているのと同じだ。フビライ・ハンは、大運河[*4]のように有益なことをさらにどのように行うのか、人々に示すことができず、エリ・ホイットニー[*5]も、綿繰り機に匹敵するような他の発明を私たちに与えてくれはしない。

サクソンと同様にモンゴロイドの間でも、慈善家、作家、政治家たちがやりかけの仕事を完成できずに死んでいるが、それをどう完成させるかについて霊媒に語らせることはない。孟子が、生きている間に書いたものと同じように思慮に富む格言を送り届け、ミルトンが『失楽園』のように壮大な詩を、伏羲《ふっき》[*6]が新しい楽器を、ベーコンが研究のためのもっと完全な原理を送り届けてくれるなら、そのような有益な通信をしてくれる霊媒を尊敬する理由になる。ところが、中国にはそれこそほんとうの霊媒師がうようよしているのに、アメリカの場合と同じように、有益な知識を人間に伝えることができていない。

＊1　人として行うべき仁、義、礼、智、信の五つの道。
＊2　黄帝が船を発明したという説は中国の古書に見えているが、黄帝以外にもさまざまな人物が現れ、一定し

ない。
＊3　中国の伝説上の帝王。黄河の治水に成功したとされる。
＊4　華北と江南とを結ぶ運河。かなり古くから建設が始まっていたが、元の時代に都の大都（北京）にまでつながった。
＊5　アメリカ人発明家。一七六五〜一八二五年。
＊6　婚姻の制度を作ったとされる中国の神話上の人物。琴を発明したとされる。

かまどの神

神様というものはたくさんいる。大きな寺の巨大な絵であったり、廟のあれこれの奇妙な像であったり、また村々や田畑、山にはそれぞれ土地の神様があり、雷や雨、収穫、土、火、風、水の目に見えない監督官、死んだ者たちすべての魂、中でも人々の祖先の魂、こうした不思議なものに加えて、訳の分からない現象が起こる場所も祀られる。変わった形の石、奇妙に節くれだった根、風変わりな木の端くれ、潮に乗って運ばれてきた漂流物、すべてが神様だ。ある漁師が、なかばくずれかけた牡蠣の殻のかたまりを見付けたが、その形が獅子に似ていると考えて代々その家で祀っている。川の土手で竹を切ったところ、繊維質の根の毛細管現象によって中空の切り株に水がたまった。それを不思議なことと考え、通り掛かる旅人が立ち止まって、その竹の中に住む神秘的な神様に香を焚いてひれ伏す。

主な神様にはすべて誕生日があり、大きな祭りや新月と満月の日と同じく、その日は特別に礼拝を受ける。

有力な神々の多くは家庭に分祀され、よく寺の香炉から灰をもらってきて、家でお祈りをする。ほかの神様はともかくとして、異教徒の家に順面公は欠かせない。それはかまどの神で、それなしで世帯を持とうとする人はいない。数百年の歴史を持つ神で、誰もがその伝説を知っている。ある貧しい男が結婚してすぐに金持ちになったが、幸運をもたらしてくれた妻を捨てた。彼女は路上をさまよい、隠遁者の小屋のところまでやってきた。そこには老人が一人座っていた。彼女が老人に自分の悲しい身の上話をすると、老人は妻になってくれと頼んだ。彼女が一緒にその小屋で暮らすと、老人は運が向いてきて金持ちになり、大きなすばらしい家を建てた。台所のかまどが途中までできたところで、男が一人戸口に物乞いにやってきた。彼女はそれが前夫だと気付く。いくらか金をあげているところへ、いまの夫が近づいてきた。すると前夫はかまどに隠れ、そのまま消えてしまった。彼は神になり、いまでもそのままなのである。

神像を安置していない家もあるが、それを祀るために焚く線香を、かまどの煙突の割れ目に挿す。その神像はよく家の中心となる部屋に掲げてある。誕生日は七月の一四日で、その日にはどの家でも、それぞれ自分のところでお祈りをする。年の最後の月の二四日には神々が一〇日間の休暇に出掛けるとされ、紙で出来た馬やそのほかの旅行用品を燃やして、上位の神様に毎年の報告をするためのその旅行の間使ってもらう。新年の最初の何日間かは、灯明を絶えず燃やし続ける。神様がいつ戻っても家族は迎える用意が出来ているという意味だ。子どもたちが家を離れていたときは、両親にあいさつしたあとで順面公を拝む。主婦の飼っているブタが太ればこの神様のおかげだと考え、ブタを売ったときにそれなりの供物をささげる。

父親が死んで、その財産を息子たちに分けるときは、長男が順面公の像を受け継ぎ、その前にあった香炉を次男が、そしてほかの者たちは香炉の中の灰を少しずつもらう。そして、それぞれ足りないものを補い、神様を安置して、自分の家で調理をする前にそれを拝むのである。

ある祝宴の起源

中国の暦で年の暮れ近くに、寺廟から主神を持ち出して街の大通りを練り歩くのが習わしになっている。金色に塗った輿が運搬用に用意され、豪華で凝った衣装を身にまとった駕籠かきが付く。楽隊が行進の先頭に立ち、大勢の人が変わった模様の旗を持ってあとに続く。道筋の終点は野外劇場で、神様が来賓および観客だ。薄暗くクモの巣の張ったところに何ヵ月も座っていた神様は、この外出を喜ぶという。神様は自分の暮らしの単調さにうんざりしているのだ、と考えられているのかもしれない。またそれ以上に、神様が通過すると、その沿道は縁起がいいとされる。

かつて塩竈《えんそう》村[*1]でお金の寄付があり、毎年のこの祭の費用にするようにと村の長老に預けられた。ところがこの祭の幹事は博打打ちで、すぐに全部使って負けてしまった。日々は過ぎたが劇場も行列も準備されておらず、寄付をした者たちは義務を果たすよう長老に催促した。長老は、彼らがあまりにも責め立て続けるので、どう言い訳すればなだめることができるのか、途方に暮れてしまった。人々がしつこく責めるのは、ひとつには、いつまでも放っておくと神様が機嫌を損ねて害をなすのではないかと心配したのだ。

新年が近づくにつれて抗議の声が大きくなっていったが、長老は、現金でも借金でも、神様の巡行のためのいつもの準備を整えることができない。そこで、ある朝早くその寺へ行って神様を背負うと、決められたとおりの巡行に出発した。驚いた群衆がすぐに後を追い、神様を背中から奪い取ろうとする者もあった。もみ合いと逃走劇が繰り返されたあげく、長老はついに海岸に追いつめられ、群衆と海に挟まれた。そして奪い合いは波の中で終わることになるのだが、神様はあちこちへ引っ張られて金色は剝げ、手足はもげてしまった。

その後、おびえた住民たちが、災難が降り掛かるのではないかと不吉な予感を抱く中で、勝者が神様を寺に持ち帰り、修理してもう一度安置した。ところが、次の年は豊作で疫病もなく、これまでになく目出度い年になった。すると、地域全体のこの幸運は、神様にたいする常軌を逸した取り扱いと海に漬けたせいだと見なされ、村では毎年の祭で、その変わったやりかたが現在まで踏襲されている。[*2]

*1　汕頭東北の澄海県に位置し、明代以来、キリスト教と関係を持ってきた村。
*2　「塩竈拖神偶」と呼ばれるこの荒っぽい祭りは現在も行われており、大勢の見物人が押し寄せる。

木彫りの裁判官

中国人はときどき、神様を争いの際の裁判官にする。普通の県知事であれば案件に決着を付ける決め手となるような証言も証拠もないとき、被疑者が神様の前に進み出て、もし有罪なら自分に祟りあれと祈る。もし悪いことが起こらなければ無実だとされる。もちろん、厚かましい容疑者がこうした木彫りの裁判官の法廷で刑罰を逃れ、無実の者が運悪く有罪を宣告されることもよくある。神様が罰を与えたように見えたあとで、判決の不当さが明らかになることもしばしばだ。そのときはその神様は非常に不人気となり、別の事件で信者たちの信頼が戻るのを待たねばならない。

数年前、ある男が四二マイル〔六七キロメートル〕離れた汕頭と掲陽を結ぶ船に乗っていた。宗族の械闘と海賊のために旅行は極めて危険になっていた時のことであり[*1]、その乗客は自分の金である五〇ドルの包みを安全のために船主兼船長に預けた。船長は、いつも貴重品を客から預かる時のように、その金を自分の船室に持っていった。それは船尾にあって、落とし戸のほかには入り口がなく、船長は船を操縦する時その上に立つ。

船が目的地に着き、乗客が金を取りにやってきたが、金は見当たらなかった。船長は損害にたいして責任があるため、当然、泥棒を見付けねばならない。旅の間、船長は自分の部屋のドアのところを離れず、彼の漕ぎ手以外はそこに入ることができず、また漕ぎ手以外に入るのを見られた者はいない。そこで船長はすぐに、漕ぎ手を泥棒だと責めた。漕ぎ手は誓って無実を主張し、そのあとの口論で、ある有名な神様のところへ行って、もし有罪なら自分で祟りを受けると言い出した。船長はその申し出を受け、もし神様が認めるなら漕ぎ手を放免することにした。

そこで二人は供え物を持って、たくさんの野次馬とともにその寺へやってきた。漕ぎ手は無罪を誓って神様に願掛けをし、もし自分がうそをついているなら寺を出るときに足を折るよう求めた。ところが、なんとその通りになってしまった。寺から出ようとした時、石の敷居につまずいて足を折ったのだ。有罪が証明されたと思われ、見物人と、彼らからその話を聞いた人たちは神様に恐れおののいた。

ところが船長が船に戻って部屋をくまなく探してみると、見えにくい隙間から五〇ドルの包みが出てきた。汕頭を発つとき、そこへ入れたのだ。船長は漕ぎ手のところに戻って自分の間違いを認め、足が治るまで医者代と薬代を支払った。そしてその神様をもう信じなくなった。

樟林近くのある貧乏な男の息子が、寺で僧侶に勉強を見てもらっていた。ある日、男がその小さな生徒のところへ米をひと袋運んでいった。そして男が寺を出てすぐに、闘鶏のために育てて訓練していた鶏がいなくなっていることに僧侶が気付いた。僧侶は男を責めたが、男は泥棒のことは無罪だと誓い、もしうそだったら神ののろいを受けると言う。そして神様の前に立つと、「もし私が鶏を盗ったのなら、ここを出るとき腕が折れますように」、と言った。そして寺を出ようとして石段につまずいて倒れ、腕を折った。そのすぐあとで、寺の床に積み上げてあった米用のカゴを僧侶が動かしていて、逆さまになったのを持ち上げてみると、鶏が飛び出し

仏教の僧侶

てきた。そこでようやく、前の日にそうやって被せておいたことを思い出したのだった。

＊1　一八六〇年代の半ばを指す。海賊は海だけでなく内陸部の河川にも出没する。

石の女神とその隊列

数百年前、福建省にある少女が住んでいた。父親も兄弟たちも、婚約者もみな商人である。少

女が母親と一緒に家に残り、家族の男たちが航海に出ていたときのこと、夢の中で、ジャンクが三艘、嵐に跳ね上げられ、いまにも難破しそうな光景が現れた。彼らを助けようと泳いでいき、ジャンク二艘を手で、一艘を歯にはさんで捕まえた。そして一緒に無事に家へ戻ろうとしたとき、母親が呼んでいるのが聞こえる。返事をするために口を開けなければならない。こうしてジャンクをひとつ取り落としてしまい、二艘だけを港に持って帰った。

天后廟

その夢の何日かあと、水夫たちが帰ってきて、恐ろしい嵐に遭ってジャンクがひとつ行方不明になったが、二艘は奇跡的に嵐を乗り切った、と告げた。

これが、長期にわたって立派な寡婦生活を送ったことと併せて、この女性が神として祀られることになった理由であり、いまでは天后という名前で崇拝されている。その廟はたくさんあり、また栄えている。汕頭で最古の天后廟は、一〇〇〇ドルを掛けて一八七九年に修繕された。[*1]そして盛大な行列が、金箔を貼り直されてけばけばしく飾り立てられた神像を押し立てて街の大通りを通過し、神像をまた壁のくぼみに戻す。主要な八つの通りは提供するお供の豪華さを互いに競い合う。店は全部閉まり、いつもは道の両側をふさいでいる商品が片付けられ、旗と切り絵で通りの上に豪華な天幕が出来上がる。この行列を準備するために三万ドル掛かったが、そのうち一個人が一〇〇〇ドルも寄付した。人々がまわりの地域から何千人もやってきて、行列が通り過ぎるのを見ようと立見で詰め掛ける。女神は豪華な輿に乗せられ、恐ろしげな従者二人が付きそう。従者の一人には一〇〇〇マイルも遠くの音を聞くとされる巨大な耳があり、もう一人は同じように遠くを見るというぎらぎらした目が付いている。女神自体は、はっきりした熱狂を呼び起こすことはなく、また群衆がとくに注意を向けることもない。

行列の八分の一の順序[*2]

獣の叫び声を発するラッパがふたつ
二人で支える四文字の横断幕がひとつ
二人の男が運ぶ巨大な提灯ふたつ
ふたつずつ横に並んだ、名称もしくは称号の額が八枚
ふたつずつ横に並んだ、銀色や金色に塗った斧槍が二〇
ふたつずつ横に並んだ、着飾って眼鏡を掛けた男たちが運ぶ四文字の横断幕が一八枚
縦長の旗が二枚
二人ずつ横に並んだ、美しいとび色の絹の服を着て麦わら帽子をかぶった男が八人
天幕を伴った、一二人の楽隊

官服をまとった汕頭の商人が九人
楽隊
四人で運ぶ、テーブルに置かれた古い青銅器
横断幕二枚
大きな弁髪を頭の上に巻き付けた男たちが運ぶ、すばらしい刺繍の大きな旗が九枚
お茶と食べ物を運ぶ苦力《クーリー》
ドラとシンバルと弦楽器の楽隊
ふたつずつ横に並んだ横断幕が六枚
荷車に乗った、紙で出来た馬と少女
刺繍の付いた小さな絹の傘が一〇本
楽隊
竹の根で彫刻した鳥が載った山車
護衛が二人
ガチョウ五羽に似せて彫刻した木の根が載った山車
楽隊
犬と子犬に似せて彫刻した木の根が載った山車
護衛が二人

荷車の上の紙の獅子
馬に乗った若い戦士
車輪に載った獅子と子獅子と球
楽隊
馬に乗った若い戦士
少年戦士が二人
二匹の猿が押す二輪馬車に乗った、紙のイルカ
楽隊
馬に乗った少年戦士
徒歩の少年戦士二人
四文字の横断幕
楽隊
黒い玉で飾られた山車
護衛が二人
四人で担ぐ、白い玉で飾られた山車
楽隊
赤と白の珊瑚の飾りが載った山車

ドラ

少女が二人乗ったすばらしい二輪馬車。一人は座り、もう一人は孔雀の頭の上に乗り、みごとなバランスを見せている

楽隊

少年と少女の山車。少年は立って腕をいっぱいに伸ばして扇子を持ち、その上に、何も支えが見えないのに少女が立っている

楽隊、護衛、将軍たち

極めて巨大な傘がふたつ

少年と少女が乗った二輪馬車。少年が、伸ばした腕に持った剣の上に少女を乗せている。支えは見えない

楽隊

山車の少年と少女。少年は色の付いた傘を肘の上に乗せてバランスを取り、傘のへりに少女が立つ。支えや釣り合いを取る重りは見えない

すばらしい刺繍の施された傘がふたつ

楽隊

九フィート〔二・七メートル〕の紙の巨人、実によく出来ている

二人ずつ横に並んだ、小さな少年が持った銘板が八枚。少年たちは着飾り、銘板の盆にはみご

となな刺繍が付いている
武装した少年戦士が四人
縦型の三角の旗が二枚
寺院のすばらしいミニチュアの山車。青いエナメルと金で彩られ、一二人で担ぐ
刺繍付きの大きな傘が五つ
中に銘板の入った小さな寺がふたつ
楽隊
盆で銘板を運ぶ少年が四人
官服を着た商人が九人
横断幕二枚
一列縦隊で馬に乗った少年戦士八人。それぞれ徒歩の若い戦士を二人ずつ伴う
馬に乗った少女
食べ物や飲み物
少女二人の山車。大豆を挽く石臼を回している
横断幕二枚
珊瑚と石の飾りの付いた山車。かわいらしい少女が二人乗り、一人はビクトリア女王のルピー・コインと香港の二〇セント・コインで作ったみごとな首飾りを掛けている

馬に乗った少年官吏
弦楽器の楽隊
黒と金で彩られた立派な寺院、八人で担ぐ
みごとな刺繡の、縦長の三角旗が四枚
仕掛け花火、花尽くし、少女と生きた猿
すばらしいつづれ織の幕を持った少年四人
濃紺の服を着た紳士一八人
巨大な龍、長さ九〇フィート〔二七メートル〕以上で、男たち二二人が運ぶ
ドラ、太鼓、シンバル
戦士や皇帝の姿で馬に乗った少年
四文字の横断幕二枚
食べ物や飲み物、お茶、タバコ、ビンロウ[*3]
浮き彫りの像が付いた堂々とした傘

＊1　現在も、汕頭旧市街昇平路に汕頭天后宮として存在する。
＊2　神様の巡行の様子がこのように詳細に記録されるのは、非常に珍しい。
＊3　檳榔樹の実。嚙みタバコのようにして用いる嗜好品の一種。

尼僧

村々で、灰色の綿の服に円錐形の帽子をかぶり、髪の毛を剃り、自然な足をして、腕にカバンとカゴをさげている女性をよく見掛ける。その服装で、中国のほかの女性とは違うことが分かる。灰色の長い法服と坊主頭は宗教的な立場、つまり仏教の尼僧であることの印だ。カバンには米が、カゴには果物と野菜が入っている。彼女が立ち止まった家の戸口でもらったものである。尼僧は、寺の外に住む者よりももっとブッダに近いと考えられて、この奉仕者に恵む者は、その館の主ブッダから好意を寄せられることになる。だが信者の献身ぶりと、その宗教が真のものであるかどうかは別のことだ。捧げ物の提供者に良いことはほとんど訪れないが、尼僧のカバンはいつもいっぱいになっている。

朝の托鉢で、尼僧自身の分も、自分で托鉢に出掛けるには幼すぎたり年老いていたりするほかの尼僧の分も、十分になる。寺が彼らの家で、しばしば広大な土地、すばらしい建物、洗練された備品を備えている。功徳を積み、それがあの世での評価に書き加えられるようにと、金持ちの家や、大勢の人の寄付で寺が建てられる。巨大な仏像が置いてある本殿と、聖人の像のある小さめの建物があり、これらの像の前で尼僧は日に三回、念仏を唱える。その聖典は漢字で書いてあり、西暦六三年にインドから中国へもたらされた仏典から翻訳したものだ。[*1] 本殿の周囲には小さな部屋で囲まれた中庭がいくつかあり、そこで尼僧が寝起きする。

こうした女性はいわば寄宿人にすぎない。縫い物をし、糸を紡ぎ、子どもを自分たちのような尼に育てあげる。こうした子どもの尼僧は、神の意志によってそうなったのではなく、自分から進んでそうなったのでもない。どこかの男によって孤児にされ、どこかの女によって尼にされるのだ。二、三歳のとき三、四ドルで尼寺に売られ、そして尼僧は、それぞれ養育できる限りたくさん子どもを買い取って、育てる。実際に一人で、公的なものではなく自分だけの責任で、小さな女の子を二〇人も世話している尼僧がいる。尼僧は世間的には裕福で、捨てられたりただで譲り渡されたりしたような子どもは選ばない。そうではなく、子どもの最初の病気[*2]を通過した、健康で魅力的な子を買う。

十分に大きくなると、織物や刺繍、本を読むことなどを習う。それを教えるために、良い教師が雇われ、少女たちはしばしばすぐれた生徒になる。一五歳で肉食をやめ、頭をすっかり丸めて尼の服を着る。尼寺にとどまることを強制されはしないが、誰もそこを去って親元へ戻ろうとはしないという。貧乏に打ちひしがれて彼女を売った両親と一緒にいるよりは、尼寺のほうがずっと快適なのだ。

尼僧たちはしばしば自分の船で遠出をして、船に積んだ果物や野菜を家に持ってくる。彼らはじょうずに機を織り、巧みに刺繍をし、そして読むことのできるほとんど唯一の女性である。通りや家々から邪気を追い払うために臨終の席に呼ばれてお経をあげ、また神様への特別な願い事で報酬を得る。収入は多く、生活は安楽だ。要するに、丈夫そうで、太っており、中国のほかの女性よりも快適そうだ。

尼寺は、無知で迷信的な人たちからは敬われているが、賢明な人たちの間では、表向きそう言われているような宗教的で立派な場所ではない、とささやかれている。不道徳な行為[*3]のために尼寺が当局に取り壊されたということも、よく聞く。

一斉調査が行われず、統計も編まれていない国では、人口に占める尼僧の数を確かめるのはむずかしい。しかし一日の旅程の間に尼寺が一ダースはある。ある日の午前中、私は尼寺を三つ見学したが、全部で尼僧が一〇〇人いた。そのうちひとつの寺の院長は七五歳で、この尼寺に七二年間いるという。私が個人的に話をした尼僧はすべて、幼いときから寺にいた。

親切な老院長は、彼女が「神の教え」と呼ぶものを私が話すのに、あらゆる便宜をはかってくれた。ただし、中国人のキリスト教の女性教師がここへ何日か泊まりに来てもよいかと尋ねると、肉を食べる人がここに泊まるのを許せば、それはここの習慣に真っ向から反すると言う。彼女は、自分は年を重ねて、生活していくのに必要なものを十分蓄えているため私の言葉を信じることができるが、ほかの尼僧は信じることができない、なぜなら、信じると食べるものがなくなってしまうからだ、と言った。彼女はよく私の家に話を聞きに来て、私は尼僧たちに私の教えを話しに行くことができた。そこでその教えが、それとひきかえに飢えるだけの価値があるものなのかどうかを、彼ら自身で判断することができた。

＊1　後漢の時代に迦葉摩騰と竺法蘭が訳し中国最初の漢訳仏典とされる『四十二章経』か。
＊2　水疱瘡、天然痘、はしか等を指すと思われる。本書第一部「小さなそよ風の物語」を参照のこと。
＊3　売春を指す。「女性の地位」の注を参照のこと。

講

急にお金が必要になったときに都合を付ける普通の方法は、貸付の会を組織することである。この会は一時的、また自発的なもので、会員全員がひとしく恩恵を受ける。そこに出す掛金は一ドルから三〇〇ドルまで、会員は三人から二〇人までさまざまだ。組織を作った中心人物が親となり、損失はすべて会員に補償する必要がある。そこで親は人を入会させるとき慎重を期し、また責任を果たせるくらいの所持金がなければならない。会が特定の親族に限られるのでなければ、男でも女でもそれぞれに会を作る。会を結成するのは土地や棺桶、妻の購入、店の立ち上げ、借金の返済、さらには訴訟の費用などの場合である。

何がしかのまとまった金が必要になると、友人のところを回って貸付の会に参加したい人を探す。そして一人一人に、ほかに入会しようとしている人の名前、掛金の合計、支払いの期日などを説明する。その後、会員全員を夕食に招き、それぞれがその親に掛金を渡す。一ヵ月か半年、もしくはあらかじめ話し合った時期に、親以外の全会員が次の貸付の入札をして、一番高額だったものが落札する。付値は封印され、全会員の目の前で親が開く。一番高値を付けた者は、すでに貸付を受けた者を除き、会員たちにすぐに付値を全額支払う。そして各会員は、以前それぞれ親に支払ったのと同額をこの落札者に渡す。こうして貸付はぐるぐる回り続け、まだ受け取っていない者が入札でき、一度落札すればもう入札はできない。一度貸付を受けた者は利息を受け取らず、最後に利息を受け取った者は入札の形でほかの者に利息を払うことはない。

たとえば、A、B、C、Dがそのような相互貸借組織を作ったとしよう。Aが、おそらく二〇セントほどで、ほかの三人に夕食をおごり、三人はそれぞれAに一ドル払う。一ヵ月後、B、C、Dが次の貸付を入札し、C、Dよりも高い値を付けたBが付値を、たとえば一〇セントを二人に払い、そしてA、C、DはそれぞれBに一ドル支払う。次の月にはCが高値を付けて貸付を受け、四ヵ月目にはA、B、CがそれぞれDに一ドル払う。こうして会員全員が、すでに支払った者と同額を受け取り、利息を払うかもらうかの違いはあるが、会は解散となる。

私の知っているある農民は、何年か前にこのやりかたで金を作って妻を買った。小さな息子連れの寡婦が二六ドルで手に入ると親戚の女性から聞き、一三人で二ドルずつの会を組み、こうして得た金で妻の支払いをした。そのあと、全額返し終えるまで、三ヵ月ごとに会員に二ドルずつ払った。

時には、女性で、新しい上着を買いたいが必要な現金がない、ということがある。のちほどどこかで金を捻出できるあてがあれば、会員二、三人と一緒にそれぞれ二〇セントの割り当てで貸付の会を作り、欲しい服を買い、その友人にもあとで同じように金を集めてあげるのである。

私たちの薬屋

教会の会員の中に繁盛している薬屋がいて、汕頭の町に店がある。彼に暇があるかどうか、そして私たちに薬を見せてくれるかどうかを確かめてから、友人と一緒に訪ねていった。その店は、中国の店の作りと同じように三つの面が閉じていて、正面全体が通りに向かって開いている。出入りのための狭い部分を除いて、店の正面の幅いっぱいにカウンターがあり、客は通りに立ってカウンター越しに欲しいものを求める。中の壁を覆っているたくさんの薬の箱には片手で手が届き、カウンターにはもう一方の腕が届く。手持ちの在庫は約一〇〇〇ドル分だが、もっと在庫を持っている店でも、その多くは同様に狭い。店舗の裏と上部には薬屋の家族（妻、子ども三人、店員二人）が住み、そして旅行中の教会員を干草の台車ほどの空間でもてなす。

村人が仕事でたくさん汕頭にやってくる。そしてこの二〇年の間に汕頭の通りで外国人を見掛けるようになったとはいえ、それを珍しい見物だと考える人はいつもいる。そこで、私たちが店の中に数分いただけでも、中国の薬を見に来た外国の女二人を黙ってしげしげと眺める人々が、店の前いっぱいに並ぶ。その上奥さんがお茶を出そうとして、むき出しで煙突のないかまどから

薬屋

出る煙が部屋に充満する。こうしたことが苦痛で、さらに北回帰線上[*1]の夏の午後の暑さが重なり、薬を全部、中国語と英語で正確な一覧表にしようと思っていたのに、乗り気がしなくなった。そこで、とくに珍しいものだけメモすることにした。

あらゆる木の皮、塊茎、球根、根、葉、種などの中に、それぞれ仕切られて、蓮の雄しべ・花弁・果皮、籾のままの稲・麦・芽、乾燥させた芽、スイカズラの花、ニオイヒバの葉、さまざまな海草、イカの骨[*2]、セミの抜け殻[*3]、大きな葦の髄、干した芋虫・カタツムリ・ひも状の虫[*4]、朽ちた木に生えたキノコ、蛾や蝶々のサナギ[*5]、アルマジロのうろこ状の皮[*6]、ヤギ・野ヤギ・鹿の角を削ったもの、サイと象の皮[*7]、焦がした虎の骨[*8]、蚕[*9]、アメリカハコガメの甲羅[*10]、価格が一〇ドルで強壮剤として使われる熊の胆嚢、一番太い部分の直径が三インチ〔七・六センチメートル〕のものが三ドルするサイの角[*11]、そえ木の上に伸ばして乾燥させた長さ六インチ〔一五センチメートル〕のムカデ[*12]、小さな硬い固形になっている薬用のお茶。これは煎じて発汗剤として使う。

親切なここの主人が、小粒の真珠[*13]、蛇の皮[*14]、鉱物など店にはまだたくさん薬があると言うが、全部を見る時間がなかったため、薬用茶一箱と結晶化したハッカ油の小さな瓶を五本買って、帰ることにした。

中国人は解剖学や生理学、衛生学のことはほとんど知らず、外科手術も行わないが、四〇〇〇年の経験から薬草の使い方についていくらか正確な知識を持っており、よく湿布薬やお茶にたくみに利用している。それは医学教育として知られているのではないものの、文人はすべて多かれ少なかれ医者である。専門家はどこにでもいる。特別な病気を治す知識を持っている家があるが、その知識は秘密とされ、家伝として子々孫々に伝えられる。

私の中国人の知人に、片方の耳がまったく聞こえない人がいる。そうなった原因は中国式の診察の良い見本である。何年か前、この女性はひどい風邪をひき、そのあとに激しい頭痛が続いた。中国人の医者のところへ聞きに行くと、頭痛は頭の中に小さなかたまりがある病気のせいで、治す方法はただひとつ、目か耳に開けた穴からその病気を出してしまうことだと言われた。彼女は耳を失うほうがいいだろうと考えて、眼球に穴をあける代わりに針で耳を深く探って、鼓膜を破ってしまった。それ以来その耳はずっと聞こえないが、しかし頭痛は治らなかった。

＊1　北回帰線が汕頭のほぼ真上を通り、現在、汕頭北回帰線標誌塔が設置されている。
＊2　烏賊骨。出血や胃の痛みなどに効くとされる。
＊3　蟬退。解熱薬として使用される。

＊4　カタツムリの蝸牛霜は皮膚の修復や保湿に効くとされる。
＊5　いわゆる冬虫夏草のたぐいか。
＊6　いわゆるセンザンコウであり、母乳の出をよくするとされる。
＊7　象の皮は皮膚の傷創や潰瘍に効くとされる。
＊8　リューマチや関節炎の薬として使用される。
＊9　蚕のサナギは、解毒、止血などの作用があるという。
＊10　亀の腹部の甲羅は滋養強壮、鎮静などの功能があるとされる。
＊11　解熱や解毒の薬として使われた。
＊12　麻痺や痙攣に効くとされる。
＊13　精神の安定、解熱などに有効とされる。
＊14　蛇の抜け殻は、精神の安定、解熱などに効くとされる。

旅のあれこれ

中国南部では、旅行はすべて船か輿、または徒歩ですることになり、どの乗り物でもスピードは一時間に平均三マイル〔四・八キロメートル〕を超えることはほとんどない。食べ物と寝具も含めて荷造りし、旅程は注意深く計画する必要がある。さもないと夜、泊まる所がないかもしれない。船は、ほとんどどの川にもそれぞれに合わせた特別な船が、簡単な筏から、入念に建造し飾り立てられたジャンクまである。

中型でかなり快適なもののひとつが、通常は水夫が五人乗り込んでいる「客家船」と呼ばれる船だ。モミの木で出来ていて、長さが五〇フィート〔一五メートル〕、幅が八フィート、そして深さ三フィートの船倉には固定してない板が敷かれて床になっている。船の中央部に部屋がふたつあり、十分に立って入れるだけの高さがあり、カゴ状に編んだ薄板で屋根が半円形にしつらえられ、さらに竹の葉で葺いてある。ふたつの部屋の壁になっている三つの仕切りには、よく奇妙な彫刻が施され、極彩色に塗ってある。舵の柄は幅の広いへら状で、船の後ろに一〇フィート〔三メートル〕突き出ており、真っすぐな柱の穴を通り、その柱が船尾の軸で回転する。

へさきは緩やかに甲板から六フィート〔一・八メートル〕高くなっており、水夫は、長い竿の片方の端を肩に固定し、他方の端を浅い流れの砂地に差し込んで体重を支えながら、へさきを裸足で登っていき、そして向きを変え、ほとんど逆さまになって戻ってくる。こうして船は、水夫の歩くちょうど半分の速さで半分の距離ずつ前に進む。流れが少し深くなると、水夫たちが川岸の引き船用の道を歩きながら、帆柱に縛り付けた綱で船を引く。あるいは、ベネチアのゴンドラの船頭のように、水夫が櫂のところに立って船をこぐ。いい風があれば、竹で編んだマットを船の一番高いところに垂直に掛け、その上と横に布製の帆を広げる。

並走する多くの船が印象的な光景を見せる。ぼろぼろで薄汚れているものの、イタリアの物乞い*1のように、そのボロの中でもいつも絵になるのだ。水夫たちは独特な、音楽的と言えないでもない声を舵取りが上げ、漕ぎ手がそれに応える。風を呼ぶ口笛の吹き方だ。このようにさまざまに船を進めようとしても、進みはのろい。ただ、もし新しい船で害虫がおらず、乗船者全員のために必要な調理から出る煙がうまく遮られ、乗員にアヘン吸引者がおらず、水夫たちの私的な商売のためのいやな臭いのする荷物が船倉に積み込まれておらず、旅の間に必要なものがすべて注意深く船に備わっていれば、とても快適に旅ができるだろう。

客家船に乗る外国人

船で旅をする人たちは、水に浮いたその家で眠るが、輿で旅をする者は、泊まる宿を探さねばならない。そこでは寝台と、煮炊きのための火が提供されるだけだ。輿は通常、苦力二人で運ぶが、乗客が太っている場合は、神様にそんなに気に入られている人は苦力を三人雇うべきだと言われて、すぐに輿から降ろされる。籠かきは中国で最底辺の者たちであり、らんぼうで口汚く、旅行で彼らと接することになる人はすぐに、その子孫は三代のちまで科挙の受験が禁止されるという規定は、遺伝の法則にもとづいた合理的なものと思いたくなる。

船と水夫の費用は一日一ドルだが、輿での旅行は一マイル〔一・六キロメートル〕につき六セントだ。輿はいつも雇えるとは限らない。船は男だったら普通は確保できるものの、女性はしばしば座席がないかもしれない。ステーションから汕頭湾へ戻る途中で、一晩、向かい風になり、波が逆向きに打ち寄せてきた。暗くなるまで格闘したのち、水夫たちはこれ以上進めないと断言し、岸に沿って走り、風の向きが変わって潮が逆転するのを待たなければならないと言った。ここで寝付けない一夜を明かすか、強力な漕ぎ手のいる小さな船を雇って残りの三マイルを連れていってもらうか、決断しなければならなかった。私は見付かりしだい漁船を呼ぶことにした。

しばらく待つと、屈強な漕ぎ手三人で操る小さな老朽船がやってきた。長々とした交渉のすえ彼らは、私の船着き場まで一人二七セントで乗せることに同意した。船が横に並び、私が船倉から出ると、その小さな老朽船が突然、全力で離れ、漕ぎ手が顔を見合わせて同時に叫んだ。「外国の女だ！　女教師だ！　女だ！」。料金を上乗せしても戻らなかっただろう。突然おびえて逃げ出すというこっけいなほど極端な反応は、たとえ幼女であっても女性をわずかな距離でも運べば、そののち船は何日も魚が捕れなくなってしまうとされるからだ。

幸いなことに、もう岸に近かった。そこで、以前から知っており、「ガイド、学者、そして友人」として頼りになる舵手と一緒に、私は徒歩で丘を越えて家に急いだ。

中国では、健脚でなければいつもぼられることになる。他の国と同じく、健常者であれば手ごろな料金でサービスを受けることができる。道はいつも狭くて荒れており、歩くことがしばしば最も快適で、目的地へ到達する唯一の手段でもある。丘の端に沿って歩く徒歩旅行は興味深いものだ。緩やかなその斜面には濃い緑のモミの木の林や、パイナップルの淡い緑の畑が点在する。ヒノキは焼いて炭にし、炭焼の穴からもれる火のきらめきが暗い夜には遠くからでも見える。パイナップルの葉からは繊維がとれ、夏の上着に使う粗布を織る。幅わずか一フィート〔三〇センチメートル〕の道が、水田やサトウキビ畑を分け、麻、豆類、藍、キビ、小麦の小さな区画の境目になっている。耕地は一エーカー〔四〇アール〕で四〇〇から六〇〇ドルの価値があり、極めて経済的に耕作されている。

浅瀬は歩いて渡らねばならず、または旅人は親切で力のある同伴者に背負われて渡ることになる。中国人も外国人も、知らない人たちからは如何なる親切も安心してあてにすることはできない。しかし知っている人からはこの上ない好意が期待できる。最も貧しい人たちが温かいゆでたサツマイモを差し出して、徒歩の旅人に、その乏しい食べ物で空腹をしのいでくれと言い、より豊かな者はごちそうを用意して、もう少し泊まっていってくれと言う。

いずれにしても主人はすぐにお茶をいれる準備を始め、この習慣上の歓迎の表現を辞退しようとしても無理である。部屋のすみの、煙突のない土のかまどに火を入れて、家中を煙だらけにしようとする。お茶がはいると、菓子類やピーナッツの飴、米を煎って砂糖と豚の油をまぜて固めたものなどと一緒に差し出す。客があることがあらかじめ分かっていれば、練った小麦粉の団子や卵が浮いている甘いシロップの熱い飲み物をきっと出す。

旅人が出立すれば、家族の誰かが送っていく。そんなに遠くまで送らないでくれと頼んでも一緒に歩き、戻らせるのはむずかしい。

蛇埔《たほ》[*2]からの帰り道に、大声で泣き叫びながら通りを歩いている女性を見掛けた。長い杖にすがって纏足の足でよたよたとゆっくり進み、大声で自分への不正を泣きながらわめいている。私と一緒にいた中国人の伝道師は、ここの人々と地域のことはよく知らなかったが、すぐに、彼女は夫の財産をその兄弟たちに奪われてしまった寡婦だと言った。このように不当に扱われた女性のやりかたで、彼女は、人々に救済を訴えているのだった。だが、人々は彼女に注意を向けているようには見えず、静かに、そのまま自分の用事を続けた。不幸な人のために義侠心を起こすのは中国人の習慣ではない。

乞食

貴嶼の通りを進んでいると、乞食が一人ついてきた。薄汚れた体がほとんど服からむき出しになっている。ただし、みじめな外見だけに頼って人々から施しを受けているのではない。施し物のために片手を差し出しながら、のたくる何匹もの蛇を握ったもう一方の手を伸ばした。気の弱い者たちは、向こうへ行かせようとしてすぐに何かを恵んでやる。乞食たちは主に同情心に訴えるのではなく、自分自身を恐ろしく見せることによって、店主や家の主が彼らを追い払おうとしてすぐに何かをくれるようにしているようだ。自分の舌をできるだけ突き出して、小刀をそこに縦に刺し通しているように見える者にも、よく出会う。頭から足まで血で汚して、胸がむかつき、たとえその小刀が偽物と分かっていても、いくら支払おうとすぐにでもどこかへ行ってほしいと思うほどだ。時折、乞食たちは重い石を持ってきて戸口に横たわり、いっぱいに伸ばした腕から自分の胸にその石を落とし、家の主人が施しの金をくれるまで叫び続ける。

輿で喬林《きょうりん》[*3]へ行ったとき、道が狭くて、両側の畑に植えてあるサトウキビの葉がよく輿の両側に同時にこすれる。もしほかの旅人と鉢合わせたら、通り抜けるためにどちらかが道をよけなければならない。一五マイル〔二四キロメートル〕進む間に三五の村を通過したが、それでもここは、この地方で住民が最もまばらな地域のひとつなのである。川を上るとき、船が三マイル進む間に視界の中に六七の村を、平野から二〇〇フィート〔六一メートル〕の高さの丘からは、水田の中に散らばる村を八五個数えた。これらの村の中には人口一万以上のものもあり、人口三万から三〇万の町も近くにある。

峡山[*4]で、この地方で最初にキリスト教を受け入れた、年老いた雪《せつ》に、信者の女性が村にどれほどいるのか尋ねた。二〇人いると言って、それぞれの名前、年齢、住所を教えてくれた。そのうち四人は天国にいる。私はリストを見返し、「それでは、ここの教会員は一六人ですね」と聞くと、雪は、「はい、二〇人です」と言う。さらに、私は一六人のうち一二人に会ったことがあると言うと、「先生、二〇人のうちの一二人に会ったのです」と答える。ワーズワースの中の小さな女の子[*5]のように、雪には雪の数え方があり、天国にいる姉妹たちをいつも勘定に入れる。

喬林に着いてみると、年老いた伝道師トゥエの家族が私たちを待っており、がらくたを全部、床の真ん中から家のすみに寄せ、私たちのために家を掃除してくれていた。また、信者が管理している村の学校はいつもの休暇より二日早く休みに入り、私たちが校舎に泊まって、そこで訪問者を迎えられるようにしてくれた。滞在中、私たちの住居は珍しい外国の客を一目見ようとする見物人でいっぱいになり、その多くが熱心な生徒になった。

トゥエの家族は、唯神論者と異教徒の大きな違いを示している。住居はすべて泥の日干しレンガで建てた単なる小屋で、同じ服装、同じ血縁、隣人と同じ心配事。このような村に住みながら、トゥエの家族は、民族が違うのではないかと思わせるほど自分たちの同族よりも優れている。家族の中での人間関係を特徴づける親切さ、その道徳性、知性、男性が女性に接するときの思いやりなど、すべてが一世代以上の間彼らに作用してきたキリスト教の影響を示している。キリスト教国でキリストを嫌い中傷する人が、もし突然、キリストに由来する良いことをすべて奪い取られたなら、どれほどの後悔とともにその損失を悲しむことになるだろう。キリストの光が及んだことのない国々で暮らしたことのない人たちは、自分たちの生活の輝きと優美さのどれほどの部分がキリストの影響から来ているのかを、十分に理解することはできないだろう。

喬林に暮らす二〇〇〇人の祖先は、およそ二〇〇年前に別の地域からこの地へ移ってきた。結婚して息子を二人もうけ、ここの人々は全員その子孫だ。中国の法律は同じ名字を持つ者の結婚を禁じているため[*6]、この一族の男たちは、ほかの村へ嫁を探しに行くことになる。そして自分たちの娘を、別の一族の男たちと結婚させる。家に残る男たちとほとんど同数の一族の男たちが、外国へ行っているという。少なく見積もっても、この一族の一人の祖先に、いまでは三〇〇〇人の生きた子孫がいる。

ポチャンへ行く途中で、最近亡くなった信者の墓を訪れた。名前を忠心と言い、彼については、その名前のほかに、彼の原型を思い起こさせるものが『天路歴程』[*7]の中にたくさん見られる。彼は大きくて邪悪な町に住んでいた。迫害を事とする異教徒に囲まれ、仕事をいつも邪魔され、隣人たちとは異なる宗教を固く信じていたため、時折、命も危険にさらされた。だが主への忠誠から決してはずれることはなく、最後まで耐えた者への報酬を受け取った。信者の多くは死の間際に、「イエスの弟子」という言葉を墓石に刻んでくれと言う。それが忠心の最後の願いだった。ところが息子は父親の気持ちを無視して、墓には異教徒のシンボルがあるだけだ。それもいいだろう。選ばれた者を主がこの地の四方から集めに来られるとき[*8]、墓碑銘がなくとも、どこを探すべきかお分かりになるだろう。

数年前、砂糖商人の忠心は仕事で上海へ行った。戻ると私を訪ねてきたので、上海にいる間にどこかの礼拝堂へ行ってみたり、現地の信者に会ったりしたかと聞いてみた。彼は、暇になったある日、礼拝堂を見付けたが、そこには伝道師のように見える老人が一人いて、そこで腰を下ろして彼と二時間話し込んで、とても楽しかったと言う。「でも、おまえは上海の言葉が話せず、礼拝堂のその老人は汕頭の言葉を話さない。話をしても、どちらも互いに理解できないではないか」と私が問うと、忠心が答えた。「ああ、私が老人の言葉をしゃべることができず、老人も私の言葉ができないのはそのとおりです。でも老人が〝イエス〟と言うとき、何を言おうとしているのか分かり、私が〝イエス〟と言うとき、老人のうなずくしぐさで、私の言うことを理解しているのが分かります。そこで一緒に二時間話をして、とても楽しかったのです」。

私に同行してポチャンへ向かっていたオンさんが、途中でとてもうれしそうに小さな丘を指さした。そこに、自分と妻のために間もなく墓を作ろうとしているのだ。将来のことを心配する中国人は、使用することになるずいぶん前からそうしたものを準備する。二週間の旅を終えて家に戻ってみると、私の料理人がニコニコしながら言った。私の留守で出来た時間を利用してりっぱな棺桶をふたつ作って祖父母に贈ると、祖父母はとても満足そうにこの記念の品を受け取り、その孝行を褒めそやしたのだ。

ある朝、不毛な険しい丘に位置する村に向かっていた。その斜面はゆっくりとだが大規模に流れ落ちているかのように見える大きな岩で覆われている。その村はずれで、薬草を集めている老女が見えた。嫁のただれた目を洗ってやるつもりらしい。そして、盲目を治療する薬を何か持っていないかと言う。一緒に家に行ってから、どんな薬を持っているのか教えてあげましょうと言

う と、老女は家に案内してくれた。

茶色でいやな臭いのする家々の中で、老女の家は新しくて、清潔と言ってもいい白い小屋だった。私たちが中に入るのを隣人たちが見ていた。その多くが薄汚れた小さな子どもを腕に抱いて集まり、いろいろな病気をどのように治してくれるのかと聞く。彼らは、存在することが示され、遠くもなく、もはや苦痛のない国について、しきりに聞こうとする。私もその国にとても引き付けられる。なぜなら、私の肩ほどの背丈の少年が、その汚らしい頭を私の肩にこすり続け、もう少し小さな子は、あかで汚れた小さな頭を私の腕の下に押し付け、頭から足先までハンセン病の老女は私の前に立って、しきりに私の手を握りしめようとする。そして、この前会ったときから私がずいぶん早く年を取ったと言い張るのだ。

別の村へ向かう途中で、戸口に腰を下ろしてサツマイモの粉を作っている女性に話し掛けた。喜ばしくて大切な話があるのだが、もし男や子どもたちをどこかへやって、戸口に来てくれる女性をすべて招き入れるなら話してあげよう、と。女性はすぐに承諾し、私は水夫を二人戸口のところに立たせ、準備を手伝わせた。こうして初めて、静かな集まりが開ける。子どもたちはイナゴのように群がって、きちんと締め出さないと部屋を占拠してしまう。その部屋は、もっと話を聞いてくれる聴衆で埋まるはずなのに。そして騒がしさとけんかで、教えることがむずかしくなる。

女性たちは、礼節にかんする国民的な観念が守られ、[*9] 男たちが参加していないのを見てから、戸口のあたりから中へ入ってきた。こうして、私たちを最も必要とし、また私たちが最も効果的に教えることのできる聴衆がやってきた。[*10] それがこの家でのことだ。女性が一〇人腰を下ろし、ほかの者たちは戸口に立ってじっと見ている。見慣れない物事が恐くて、あるいは強い偏見があって近寄れないのだ。老女の一人が特別熱心に話を聞き、言葉を繰り返してくれと何度か言った。私が行ってしまったあとも、それを覚えておけるようにするのだ。

男が農作物を持って入ってきて私たちの集まりがとうとう終わりになると、この老女はよろよろと家路に向い、そのとき、その名前をはっきりと記憶に刻み付けようとしているかのように、「イエス、主。イエス、主。イエス、主」と言っているのが聞こえた。彼女はこれ以前にこの名前を聞いたことがなく、またおそらく二度と聞くことはないだろう。しかし、彼女が次の世界に入ろうとするとき、広大で計り知れない地域の縁でこの名前を思い出し、「イエス、主よ」と叫び、するとこの世でそのような呼び掛けに必ず応えてきたその人がやってきて、彼女をその王国へと誘うことだろう。

＊1　一八世紀のジョセフ・ウィレムスに「イタリアの乞食」という陶製彫刻がある。
＊2　現在の汕頭市西北に位置する。
＊3　汕頭と潮州の中間に庵埠という大きな町があり、喬林はその近辺の村。
＊4　潮陽県の中央部に位置する。
＊5　ワーズワースの詩「私たちは七人」を指すと思われる。ここに登場する少女は、死んだ姉と兄も兄弟の人数に数えようとする。

＊6 『大清律例』に「同姓で結婚した者は杖六〇、離婚」という規定がある。

＊7 イギリスのバニヤンの小説。第一部は一六七八年、第二部は八四年の刊行。主人公とその妻が苦難の末に「天の都」へたどり着くまでを描く。漢文にも訳された。

＊8 『新約聖書』「マタイによる福音書」第二四章第三一節「人の子は、大きなラッパの音を合図にその天使たちを遣わす。天使たちは、天の果てから果てまで、彼によって選ばれた人たちを四方から呼び集める」。

＊9 男女が一緒の場所に集まってはならないという規範を指す。このため、初期の教会では男女の席を分けることもあった。

＊10 中国の社会では、女性が最も虐げられており、そのため最も救いを必要としていることを言う。本書の次節「中国人女性伝道師」を参照のこと。

中国人女性伝道師[*1]

女性は、大宣教命令[*2]を含め、すべてのキリストの命令に真っ先に従うべきだろう。なぜなら、キリストは男よりも女のためにより多くのことをなされるからである。次の世界での栄光は男女のどちらにも同じように約束されているが、残酷な力が支配しているところでは女性は常に不当な服従を強いられており、この世では女性がより十全に主の救いの恵みを経験する。

女性は人生の中で最も大切なものをナザレのイエスに負っていると考えられる。今日の世界に、過ちを犯すことを恐れる必要がなく、この世が提供する知的な美質をいくらか備え、自分たちの完全な忠誠心を確信している女性が存在しているという事実は、一八〇〇年前に神の子が人々の間に確かに下ったことによる。恩知らずの中でも、異教徒の女性が持っていないもの、すなわち自分の力に訴えなくとも、人間としての権利の保証をキリストから与えられていることを理解できないほどの裏切りはない。

真のキリスト教は、この世および来世での生活の両方にとって、キリストが女性の真の、かつ十分な救い主であることを示しており、救世主にたいして彼女が感謝の気持ちを表すことを決して拒絶しはしない。真の宣教の精神は、最も必要としている人に福音を届けようとするものであり、異教の地では女性が最もそれを必要としている。

「行って、すべての造られたものに福音を宣べ伝えなさい」という命令[*3]に従って我々はこの仕事に従事しているのであり、福音を最も多くの被造物に伝える方法こそがわれわれの主が最善と見なされたものだと、十分に推測できるだろう。良い方法はたくさんある。ただし問題は、何が良いのかではなく何が最善なのかにあり、異教徒の救済がどのようにすれば可能かではなく、与えられた力と資金でどうすれば最善が尽くせるのかにある。

中国ではプロテスタントの宣教師一人につき二〇〇万人の異教徒がいる。中国の二〇〇人の女性宣教師のうち、多くが家庭の世話や病弱、言語の知識の欠如などによって布教の仕事に直接携ることができないため、異教徒の女性の割合は、働ける女性宣教師それぞれにつき数百万となる。一人の女性宣教師が何千人もの異教の女性にキリストについての知識を与えることのできる方策がなければ、今後数世代にわたって中国の伝道に希望はない。

これら中国の女性ほど貧しい女性はいない。その家、つまり人類の三分の一[*4]の家は、窓も床も、天井もない。夏はとても暑く、冬は非常に寒く、一年中、湿っぽくて暗い。家は貧しさのせいで小さく、台風に備えて低く、開いていると泥棒の長い鉤が挿し込まれるため、換気がなされない。互いを守るためにすし詰めになり、小さな庭と狭い通りに面した部分のみ開き、しかしそこではあらゆる汚物が臭いを発散させている。水田に肥料を施すためにどんなにわずかでもためておかねばならないからだ。

村々は略奪者を締め出すために設計され、塀で囲われているが、いずれも数分歩けば至る所に存在する。そのような家から家へと、一度も会ったことのない男のもとへ女性が運ばれ、嫁入りし、義母に仕える。義母が嫁に親切かどうかは、ブタを育てる勤勉さと息子を生むことができるかどうかによる。女性の大部分は、自分が生まれた村と嫁ぎ先の村しか見たことがない。その外の世界はすべて、彼らにとってはまるで火星のように未知のものである。その後に訪れる自分の人生についてはぼんやりとしており、死後のさまよえる魂を、男性の子孫がこの世の食べ物で養ってくれることを願うのみだ。

中国の女性はまじめで我慢強い。世界中で中国の女性以上に、どうすれば救済されるのかという知識が恩恵となる人たちはおらず、その恵みに感謝し、それを使うことのできる人はいない。中国の女性はほとんど読むことができず、年老いた女性はめったに自分の村を離れず、若い女性もほとんど家を離れることがない。そこで彼らの中の「すべての造られたもの」に福音を届ける唯一の方法は、生きた声によってその家に持ち込むことである。

現地の人たちの感覚と、また明らかに適切な慣習によって、この種の仕事を男性が行うことは認められない。女性が、そして女性だけがこの仕事を効果的に遂行するだろう。現地の社会的な習慣では、年老いた女性は家から家へ、村から村へ自由に行くことが許され、そのような方法で接触し教えることのできる女性の数は無限だ。これは聖書にもとづいたやり方だが、とても安くすむため、キリスト教国が派遣できる人員の数と、クリスチャンの女性が寄付してくれる資金だけでも、中国の女性すべてに福音を知らせることができるだろう。この仕事を行う中国人の女性信者を選び出し、訓練し、監督するのは、おそらく、外国の女性宣教師がアジアの伝道事業を最も効率的に行うことのできる方法である。

現地の女性伝道師への訓練を首尾よく始める前に、外国人女性宣教師がしなければならない仕事がたくさんある。通常、中国の信者たちは互いに、また宣教師の居住地からも隔たった町や村など広い地域に散らばっており、彼らと知り合いになるためには困難で疲れる旅を余儀なくされる。こうして初めて彼らの正確な状況が分かり、布教地自体を熟知することができ、現地の女性たちが仕事をするにあたって、彼らを確実に、うまく指導することができる。またこの中で、異教の女性の多くが必要としているものを確かめ、伝道師を最大限まで有用なものにするために必要な教育の種類と量を知ることができるようになる。

費やせる力が限られているときは、教育を施すべき女性たちの選定に注意を払うことが重要だ。そして彼らは、自分たちが得た知識を他の者たちに伝えるような者になるだろう。弟子になりたいという者をクラスに入れるのではなく、性格がこの仕事に向いている者を探し出し招き入れるのが一番良いと分かった。食べ物を買うための手当が少なすぎて、食べ物のためにクラスに入ろうとする最も貧しい者たちでさえ引き付けることができない場合でも、学校の宿舎のほうが自分の家よりも快適だと考えたり、家庭に問題を抱えてそこから逃げ出したかったり、家を離れれば、強情な義母を屈服させられるだろうと期待したりする者が、入学希望者としてやってくる。[5]

クラスに入るように誘った女性を十分に理解して初めて、ただ「真理」のためだけに「真理」を探し求めている人たちに、私たちが自分の時間とお金を費やしていると確信できる。クラスの中に、そのような女性をたくさん見付けることができるのはうれしい。そうした者たちは、与えられた仕事の中で多くの困難にぶつかっても揺らぐことはないであろうし、また実際揺らいでいない。

訓練すべき女性を選抜するにあたってそれなりの配慮をしても、試した者のゆうに半分はこの仕事に向いていないことが分かる。多くが体の弱さや短気、不誠実、あるいは福音を平易な言葉で伝えることができないために、解雇される。しかし何ヵ月か学んで家に戻り、その後ずっと、より喜びに満ちた理性的なクリスチャンとなる者もおり、数年学び、恵みの中ですばらしい方法で成長する者もいる。[6]

一〇年の間に汕頭の私の訓練学校へ入った一〇〇人の女性のうち、三分の一ほどが、他の者にうまく教えることができるようになった。

中国人の女性伝道師を育てる仕事には、むずかしいことや危険なことがいろいろある。社会生活や物の考え方が中国人と非常に異なる私たちにとって、中国の信者と親密な個人的な関係を築くことは容易ではないが、それによって、中国人自身がまねてみたいと思うような話し方や性格を女性たちのうち誰が持ち合わせているのかを、正確に判断することができる。教師として出掛ける女性は、異教徒たちからキリスト教的な教育を受けた種類の人間だと見なされる。そこで最も重要なことは、彼らが、キリスト教の原則と生活の様式をそれなりに伝えることのできる真の解説者でなければならないということだ。

屋敷で優雅に暮らす女性が、真の尊厳を持って進んで小屋で暮らすようになるのは確かだが、その住み替えには個人的な不快感を伴う。そこで訓練の中で、大部分の人々が住んでいる狭くて不潔な住居にたいして、そうした女性が不適応を起こさないように気を付ける必要がある。褒められたものではないような好みや習慣でさえ、もしそれを変えることで、この女性が、その中で働くことになる人々からある程度隔てられてしまうことになるなら、変えないでおくのがよい。

バイブル・ウーマンの最も価値ある仕事のいくつかは、食事時や夜に、彼らが食事をともにし、宿を借りる女性たちに囲まれて行われる。中国人ほど、最小限のお金で最大限の個人的な快適さを得る方法を知っている人はいない。神の言葉を周囲の人々に知らせる上で中国人の伝道師が有能かつ信頼できると確信したら、私たちは、敬虔さの次に大切な清潔さがやがてなおざりにされてしまうのではないかと心配する必要はない。

これらは、バイブル・ウーマンには教育は必要ないという意味ではなく、むしろ自分の場所で自分に適したある種の教育を受けるべきだということだ。これはバイブル・ウーマンにとっても、彼らを教える側にとっても何年も掛かる仕事である。純粋な聖書教育は、人々を人間らしさから遠ざけはしない。

聖書は、バイブル・ウーマンが説かねばならない唯一の書物であるため、それは彼らが学ぶ唯一のものであり、どの国でも、聖書の内容を真剣に学びはじめた者は、一生涯、そのために毎日の時間が必要なことに気付く。バイブル・ウーマンは自分自身の方言を、説得力を持たせ流暢に使い、正確に、平易に、楽しく読み、明確に、誠実に、興味をそそるように話し、たとえや逸話、ことわざ、そして彼らが伝える真実をじょうずに説明できるように、教育される必要がある。真の唯一神の概念や偶像神の無益さを提示する最も効果的な方法および、無知で迷信深い心から悪霊への恐れを取り除く最良の方法を学ぶ必要がある。何よりも、仕事が神と自分のものであると自覚してその仕事に向かうように、神について教えられねばならない。

彼らは、読むことができない者に教えるのだから、彼ら自身が口頭で教育されるのが望ましい。そして、その教授法は、他の者に教える方法をつねに実際的に示すものでなければならない。バイブル・ウーマンたちは、非常な速さで口頭で教授される聖書の物語を学び、それらを生き生きと語る。それまで読むことを習ったことのない女性が、一年で四福音書と使徒言行録を読み、キリストの全生涯およびその奇跡とたとえ話を記憶に頼って細かに語れるようになるのは、珍しいことではない。雄弁な説教者になる女性もあり、そのもとで、教育を受けたことのない女性の聴衆が、夜遅く、眠る子どもを服の縁にくるんで、何時間もじっと集中しているのを見たこともある。

女性たちは汕頭の学校から二人ずつ、連続三ヵ月間出掛けていき、彼らのために用意された、地方のさまざまなステーションの礼拝堂に隣接した部屋に滞在し、そこから周りの村々へ教えに行く。一番近い村へは朝出掛けて夜戻り、より遠いところは、もしそこで誰か女性が話を聞こうとして宿泊させてくれるなら、数日滞在する。

三ヵ月の間に、ひと組の女性がこうして一〇から三〇の異なった村で教える。月末には戻ってきて仕事の報告をし、一週間の授業と集会ののち、同じか、もしくは違うステーションへまた出掛ける。私はできるだけそうしたステーションを訪問し、私自身行ったことがなく状況と環境が分からない場所へは、彼らを決して送り出さない。

バイブル・ウーマンはそれぞれ、ひと月に二ドルと旅費を受け取る。これで、彼らが家に持っているのと同等かそれ以下の、食べ物や衣服を買う。この金額は、家を離れて仕事ができるぎりぎりのものである。彼らに降り掛かる苦労や中傷などにたいしては、支払いはない。キリストのためにそれらに耐えねばならず、この世での報酬はない。伝道の最悪の方法はおそらく、伝道者や弟子にこの世での利益を与えることだろう。利益に釣られて入ってきた改宗者は最後まで利己的なままで、その精神を受け継ぐ者たちに弊害を伝染させ、最後には教会にとって致命的なものとなる。

バイブル・ウーマンが地方のステーションにいるときは、時折外国人女性宣教師が励まし、助言するのが望ましい。彼らの仕事は、中国人が通常行っているものと相当異なっており、しばしば拒絶され、よく怠けたくなり、彼らの働きを妨げる実際の障害物に出会うことになり、彼らが働いている場所で、知恵と熱意がより優っている者からの助力と助言が必要である。

バイブル・ウーマンは自分たちが教える貧しい女性と同じように粗末な身なりと生活をしており、雨や寒さ、疲労などにさらされる。ほかの中国の女性にとっては未知のことなのだが、家から遠く離れたところへ行き、見知らぬ人の中で滞在する。しばしば非常な苦痛をこうむるが、骨が折れるという理由で仕事をやめたバイブル・ウーマンはいない。

一年で一番暑い時期に二人の女性が馬小屋で過ごしたことがあった。ある地区で求道者が多過ぎて馬小屋のほかに泊まる場所が確保できなかったのだ。別の二人は、ある村でひどく殴られ、それでも、傷が癒える前に、仕事を続けるためにその村へ戻っていった。その地域の幸福のためには彼らが必要だったのである。

このような仕事の成果をいま正確に見積もることはできない。しかし、貴重な種を携えて出掛けた彼らがみなうれしそうに帰ってくるとき、彼らは穂の束を持って帰り、[*7] 私たちはその収穫の多さに驚くことだろう。

つまるところ、この事業から導き出すことのできる結論は、主に以下のようなものである。

まず、ごくわずかな費用の支出で、非常に多くの人々に接触することができる。次に、高い教育を受けた階層が立ち上がるのを待つことなく、われわれの伝道事業の最初の成果を効果的に利用することができる。この計画では、教会の活動の中で、利用可能な現地のすべての人材をすぐに活用することができ、その人材は教会の増加と同じく急速に増えている。

三番目に、これは救世主自身の伝道方法であった。注意深く選び、誠実に監督した弟子たちが、それが中国のか弱い女性であっても、主の命令で赴き、教え、そして帰ってきて言うのである。「悪魔たちでさえ、私たちに服従します」、と。[*8]

＊1　いわゆるバイブル・ウーマンのことである。

＊2　『新約聖書』「マタイによる福音書」第二八章第一九～二〇節「あなたがたは行って、すべての民をわたしの弟子にしなさい。彼らに父と子と聖霊の名によって洗礼を授け、あなたがたに命じておいたことをすべて守るように教えなさい」。

＊3　『新約聖書』「マルコによる福音書」第一六章第一五節「それから、イエスは言われた。全世界に行って、すべての造られたものに福音を宣べ伝えなさい」。

＊4　当時、一般に中国の人口は四億人と考えられていたが、たとえば Henry Gannett, *Statistical Abstract of the World*, John Wiley & Sons, Chapman & Hall, Limited, 1907 は、世界の人口を一五億人、そのうち中国の人口をやはり四億人としており、世界の人口の三分の一から四分の一となる。

＊5　一般に、生活のために入信しようとする住民も少なくなく、そのような行為を「喫教」（教えで食べていく）、「喫洋教」（西洋の教えで食べていく）などと言った。

＊6　『新約聖書』「ペテロの手紙　二」第三章第一八節「わたしたちの主、救い主イエス・キリストの恵みと知識において、成長しなさい」。

＊7　『旧約聖書』「詩編」第一二六章第六節「種の袋を背負い、泣きながら出て行った人は束ねた穂を背負い、喜びの歌をうたいながら帰ってくる」。

＊8　『新約聖書』「ルカによる福音書」第一〇章第一七節「七十二人は喜んで帰って来て、言った。主よ、お名前を使うと、悪霊さえもわたしたちに屈服します」。

言語、文学、民話

……

中国本土には書き言葉がひとつと、話し言葉が七つある。この帝国で、書き言葉を話しているところはなく、話し言葉は官話を除いて書かれることはない。[*1] もし無学な母親が隣町にいる息子に手紙を送りたければ、代筆屋を訪ねて、息子に伝えたいことを話し言葉で告げる。代筆屋はその内容を書き言葉で書きとめ、料金として一セントか、もう少し受け取る。

手紙は手紙配達人に託し、配達人は封書の上に記してある料金を手紙の受領者から徴収する。料金は内容の重要度によって異なる。その息子がもし学のある人でないなら、手紙を代筆屋に持っていくと、話し言葉でどのようになるのかを方言で教えてくれる。母親から息子に届く間に内容が書き言葉に移され、さらに再変換されるのである。

……

本は非常に安く、誰でも手が届くところにある。一三丁の『三字経』[*2]は一部一セントで、三六丁の『論語』は二セントだ。木のカバーに挟み、たくさん絵が入り、本作りの粋を凝らしたセット物の本は、二ドルか三ドルである。「善書」と呼ばれる本が印刷され、功徳についての仏教書として無料で配布されている。たとえば、それを配布して歩く中国人が私にくれたものには、このような序文がついている。もし船旅に携えれば風は順風で波は立たず、旅人であれば強盗に遭わず、たとえ千里歩いても暑さ寒さも喉の渇きも感じず、家に置いておけば悪霊は退散し、婦女が読めば息子五人と娘二人をさずかり、男が読めば科挙の学位が得られ、本書を丁寧に熟読するものはみな寿命が二倍に伸びるであろう。このようなごたくを並べたあと、この本はさらに読者に、正直であること等々の徳目を勧めている。

口語の方言は、南ヨーロッパの諸言語のように互いに異なっている。北京、上海、寧波、福州、汕頭、広州、客家の高地から来た七人は、それぞれ口頭では意思疎通ができないだろう。官話は北方と西方の省で、この帝国のおそらく半数の人が使い、上海方言は三四〇〇万人、汕頭方言はおそらく六〇〇万人が使っている。それぞれの方言が使われている地域内であっても、ある町で話す言葉が別の町では理解されないといった発音上の違いがあり、隣り合った村でしばしば語彙が大きく異なることもある。

しかし、ひとつの書き言葉と七つの口語を使って、中国では地球上の三分の一の人々と意思の疎通ができる。他方で、残りの三分の二の人間に接触するためには、三〇六三種の言語を知らなければならない。英語が届くのは一億人に満たないが、官話はおそらく二億人が使っている。

……

語り物芸人[*3]は、街角や広場の日よけの下で見物人に大衆向けのお話を語り、見物人は芸に満足すれば盆の中に数文を投げ入れる。中国人には一家団欒というものはないが、通常は皿のピーナッツ・オイルにガマの綿を芯にした夜のランプのあかりのもとで、本には載っていないたくさんの物語が子どもや年寄りの楽しみのために語られる。

＊1 当時は標準語というものはなく、文章はすべて漢文で書き、話すときはそれぞれの方言を使う。官話はいわば官吏の公用語で、現在の標準的な中国語に近い。

＊2 『三字経』は初学者用の漢字学習本。「人之初、其性善」で始まり、短文がすべて三文字で構成されている。中国の昔の本は、日本のものと同様に一枚の紙の片面に印刷し、それを真ん中で折りまげて袋綴じにする。従って一三丁であれば二六ページということになる。

＊3 中国には『三国志』その他の物語を語る芸人がいた。一種の講談師である。そのような語り物を「説書」もしくは「評書」と言う。宣教師が路上で語る聖書のさまざまな物語を、中国人が説書と考えることもあった。

第二部

布教と女性信者

中国での布教メモ[*1]

曲渓、掲陽そして月城の旅行からちょうど戻った。曲渓はバイブル・ウーマンがしばらく活動している地域にあり、最近パートリッジ氏[*2]が礼拝堂を借りて、中国人の伝道師が駐在している。そこでの仕事は励みになるものの、住民が福音に興味を示す原因はやや変わっている。三〇年ほど前、ここで寡婦が一人死んだが、遺体があまり冷たくならなかったため、棺には入れなかった。そして七日後に生き返った。その後、彼女はいろいろな神様を崇めることをやめ、家に祭壇を作って偉大な天だけを崇拝した。そして新しい教えを説くと、人が大勢やってきて、自分の名前と、すでに死んだ友人たちの名前を弟子として登録した。彼女はこう語った。やがて外国人が訪れてお前たちの兄弟や姉妹になり、自分には十分に説けないこの教えを完全な形で説くだろう。自分は爪を広げるほどの広さもない井戸の中にいるトカゲだが、彼らは空高く飛ぶ鳥のようであり、教えを広く伝えるだろう。

外国の女性が二階建てでガラスの窓とベランダのある家を建て、そこで女性たちが教えてもらい、賛美歌を歌い、質問に答える。その家は一方の面が山に向かい、もう一方が海に面している。裁きの日の前に七日間の暗闇があり、そのときには服があっても欲しがる人はおらず、米があっても食べる人はおらず、道には誰も歩く人がいない。裁きの日には、救い主がすべてのものを裁くために天から下り、彼を信じていた者たちは冠を受けるだろう。裁きの後には新しい天と地が現れ、そこでは誰も、悲しむことも病気になることもない、と。大勢が彼女の追随者となり、彼女は五年ほどのちに、秩序を乱すものとして処刑された。

小冊子あるいは旅人からキリスト教の教えの手がかりを得たのか、それとも物に取り付かれた状態の中で予言的な啓示を得たのか、今では分からない。しかしバイブル・ウーマンがそこへ行った時、バイブル・ウーマンが伝えていることはあの予言の成就だと受け取られた。そして多くの女性が、「私たちはこれを聞くために二〇年間待ち続けた」と言った。バイブル・ウーマンは、そこではどの村でも歓迎されたという。そして私が村に行くと、女たちがみな出てきて狭い通りの両側に並び、私が通り過ぎる間、静かに私を見つめていた。それはとても印象的だった。……

＊1　*Baptist Missionary Magazine* 57(2), February 1877, pp. 31–33.
＊2　アメリカン・バプティストの宣教師。

孤児院[*1]

……貴嶼で孤児院を訪問した。中国で同じ方式で運営されている施設だ。政府がやっていて、老女が雇われてそこに暮らし、連れてこられた女の赤ん坊を受け取る。中国の親は男の子を欲しがっており、これまで男の子をここに連れてきたことはない。女の子は毎年一〇〇人から二〇〇人来る。ただし、これは両親に捨てられる子どものうちほんの一部だ。貴嶼の老女二五人の家庭生活に関連して確認した事実だが、彼らは全部で女の子五二人を生まれたときに殺していた。その理由は、あまりにも貧しくて娘を育てる余裕がなかった、というものだ。幼い女の子を孤児院に連れてきたのは、まだ心のやさしいほうである。または、孤児院が近くにあって、女の子を川へ連れていくよりは手間が省けたということもある。孤児院では、女の子を何も聞かずに受け取り、面倒を見てくれる女性にすぐに渡される。その女性たちは、子どもの世話をして一日に四セントもらう。

生まれて一二日目になり、もし健康で丸々としていれば、ほかの三、四人と一緒にカゴに入れられ、数マイル先のほかの村々に運ばれて安く売られる。こうして赤ん坊を運んでいく男は、一日に二〇セント受け取る。肩に担いだ棒の両側に赤ん坊のカゴを掛け、まるで果物か子犬のように呼びながら売り歩く。一人欲しいと思った女性は、赤ん坊を全部見渡し、気に入った子を選んで息子の嫁として育てる。こうして夫の家に連れてこられた小さな嫁を、義母はよくほんとうの母親と同じように大切に扱う。女の子を受け取った人は、その子の名字を必ず教えてもらうが、それは、中国では同姓のものが結婚することは違法だからだ。

孤児院に連れてこられた病弱な子どもは、誰も息子の嫁にしようとは思わないので、良くなるか、それとも死ぬまで乳母が面倒を見る。結納金と結婚の費用は一〇〇ドル以上掛かるため、母親の多くはこの方法で息子に嫁を取ろうとする。

寧波で孤児院を見学したことがあった。そこから乳母が子どもたちを預かり、一ヵ月に一ドルもらう。そして一ヵ月に二度、孤児院の役人の検査を受けるため、孤児院に連れてくる。このようにして四歳になるまで育てられ、そして孤児院に戻されて一〇歳まで住み、嫁として一人二ドルで売られる。政府は、これだけの対価で貧しい男たちに妻を供給するのである。

＊1　*Baptist Missionary Magazine* 58(2), February 1878, pp. 49–50.

綉金の自伝[*1]

私は、ここから四〇マイル〔六四キロメートル〕離れた、豊かで勢力[*2]のある町シエティエに生まれ、丁寧に育てられました。一六のとき母が死に、その四ヵ月後、父が別の妻を家に連れてきました。次の年、私は一リーグ〔四・八キロメートル〕離れた尖浦《せんほ》村の八歳年上の男に嫁がされました。一人息子で、父親は亡くなっていたため、私は夫とその母親だけで暮らし、夫は祖先からの広くて肥沃な土地を耕していました。

息子と娘が出来て、そして夫が亡くなりました。息子は大きくなり、健康で親孝行で、二〇歳のとき嫁をもらってやりました。賢くて従順な少女です。そして嫁にも息子と娘が出来たとき、私のささやかな望みが満たされました。

しかしある日、息子が二六歳、子どもが四歳と二歳のとき、息子はある村の男に膝を撃ちぬかれて畑から帰ってきました。私たちの村はそこと械闘をしていたのです。薬に一〇〇ドル使い、精一杯世話をしたのですが、悪くなるばかりです。そのころ、祈るべきほんとうの神のことを知りませんでした。そして息子は死にました。子どもたちを育て財産を守る責任が私にのしかかっていた何年もの間ずっと、私は熱心に神々を拝み、決まったごちそうを供えるほかに、ほとんど毎日その前で香を焚いたものです。息子が死んだとき、その神々を信じるのをやめ、それ以来もう拝むことはありませんでした。ほかに拝むものを知らなかったため、三年の間少しも拝むということをせず、からっぽの胸と、つらい思いに満たされた心でじっとしていました。

そして、村から川を渡ったところの県城に礼拝堂があり、そこでは偶像とは違うひとつの神のことを聞くことができると知りました。この家に入って以来、外に出たことがなく、どうやってその礼拝堂に行くのか分かりません。しかし近所の老人がそこへ連れていってくれました。私は、その教会で福音を聞いて信じた最初の女性で、それがいまでは会員が七〇人いて、ほかの六つの会衆の母教会になっています。一〇年前の、私が四九歳のときのことです。

五年前にここへ来て[*3]、賛美歌と福音のあらましを読むことを学んだあと、バイブル・ウーマンとして外に出ました。ステーション六つと、何十もの村に行ったことがあります。一度、グェさんと私の生まれ故郷の町へ行き、神について聞きたがる女性に連れられて、その母親のところへも話しに行きました。その家で説教をしていると、家族の男が二人やってきて、母親には外国の信仰を教えたくないと言って私たちを殴り付けます。私たちは怪我をしました。その悪い男たちに殴られた胸は、もう治らないのではないかと思いました。その後、彼らは私たちが治療に使わねばならなかった費用を弁償し、そして、私が同郷の生まれだと知っていたら乱暴はしなかったろうに、と言いました。

最近、呉銀花さん[*4]と曲渓に出掛けました。そこではたくさんの女性が歓迎してくれました。銀花さんは大きな足をしていて、途中、ごつごつした所を越えるのを助けてくれます。私の縛った足では一人で歩けないのです。私たちは、私たちの言葉を聴きたがっている人の数に応じて、ひとつの村に数時間か、あるいは一週間とどまります。話を聞いてすぐに信じる人はほんのわずかで、同じ家に何度も行って、教えを繰り返し説明しなければなりません。

私の嫁は一人でいても大丈夫な年齢で、自分の子どもの世話をしています。そこで私には家庭の心配はなく、二年間、家に帰っていません。福音を教える仕事のほかにはすることはなく、死ぬまでこのことだけをやりたいと思っています。

＊1　*Baptist Missionary Magazine* 59(3), March 1879, pp. 60–61. 林綉金は一八六八年に四九歳で洗礼を受け、後にバイブル・ウーマンとなった。

＊2　原文はpowerful。中国南部の広東省や福建省などでは、町や村がかなり明確に強いものと弱いものに分かれ、住民もそれを意識していた。これは抽象的な意味ではなく、近隣の町村との紛争の場合に発揮される暴力的な力そのものを指す。

＊3　汕頭のこと。

＊4　バイブル・ウーマンの一人である。本書「惜の決意」を参照のこと。

韓江をさかのぼる[*1]

以前から、韓江沿いの町をいくつか訪ねたいと思っていたが、なかなかその時が来なかった。一二日、二人のバイブル・ウーマン阿雪[*2]とスイ・ラン、それに料理人のア・ハを連れて、五人の漕ぎ手の客家船で汕頭を発った。

……

韓江は幅三〇〇〜六〇〇フィート〔九〇〜一八〇メートル〕で、船は深さわずか一フィート〔三〇センチメートル〕しか水につかっていないが、通れるような深みを探して広い水面を蛇行する。川は濁り、どこまでも赤みがかった黄色だ。「三つの省の川[*3]」と呼ばれている。船は木炭、薪、紙[*4]、たくさんの竹、モミの木を積んで下っていく。そして、中国人が普通に使う、その他のあらゆるものが上流に運ばれる。

無数の村々を通り過ぎ、汕頭から三〇マイル〔四八キロメートル〕上流の潮州府城にまず停泊した。住民は三〇万人以上。直径三マイル〔四・八キロメートル〕[*5]で、韓江上で唯一のステーションがある。日曜日をここで過ごし、この大きな町で依然としてわずか一二人しかいない信者と会った。

中国人伝道師の啓斌[*6]がここで私たちに合流し、さらに先へ進む。六マイル〔九・六キロメートル〕さかのぼると、川岸に長さ二〇〇フィート〔六一メートル〕、幅五〇フィート〔一五メートル〕の空き地があり、内部の原因で暖かくなっている。その熱は、表面からはあまり分からないが、一フィート下では砂が非常に熱く、手を触れると水ぶくれが出来るほどだ。もう少し上流に温泉がある。

府城の上流は何マイルにもわたって大きな町はないが、小さな村がたくさん散らばっている。わたしたちはそのようなところで住民と話をした。外国人は、大きな場所よりもこうした村のほうが心ゆくまで訪問することができるだろう。外国人を見ようという好奇心で、話を聞くのではなく一目見ようとする大勢の騒々しい人々がやってくる。このような村で、私は彼らが初めて見る外国人だったが、無礼な目に遭ったことはない。そして女性たちと興味深い話をすることができた。

潮州府城の二〇マイル〔三二キロメートル〕上流で人口一〇〇〇人の留隍村《りゅうこう》に着く。私が通りに姿を見せると大騒動になったため、啓斌とバイブル・ウーマンたちが私を置いて、人々と話をしに行った。そこで私は村の女性を何人かボートに招いた。その中に少女が三人いて、とても熱心に話を聞こうとした。彼らはしばらく話を聞いて家へ帰り、母親を連れて戻ってきた。全員が去ってしまったあと少女たちがまた戻ってきて、「線香をあげずに毎日祈るつもりです。でも〝天なる父よ、われらに祝福を〟のあとどう言うのか忘れてしまいました。もう一度教えてください」と言う。

留隍を越えると方言が変わり、客家語を話す。ここからは話をしても理解してもらえないため、文字を読める人に小冊子を配りはじめた。疑いなく、小冊子の配布は布教の中でこれまでよく間違って使われてきた。そして、種《たね》の量に比べてわずかな果実しかもたらさなかった方法だ。それでも、少なくとも他のやり方では接触できない人たちにたいしては許される。

川に沿った丘の斜面を走る高くて狭い道を、船が進むのと同じスピードで歩くことができるのに気付いた。そして立ち寄った一軒家[*7]や村で本を少し配った。女性たちは私たちを暖かく迎え、しばしば、ゆでたばかりのサツマイモを持ってきて、これで「空腹をしのげ」と言う。阿雪とスイ・ランが客家の女性たちと大声で会話をする様子は、時々とてもおかしかった。どちらも相手の言っていることが分からないが、それなのにとてもうれしそうで、親しそうだった。

留隍の二一マイル〔三四キロメートル〕上流で高陂《こうは》に着いた。おそらく人口は二〇〇〇人。その村の重要人物と見られる大柄な女性が、私の行くところへどこでもずっと手を引き、そして船に戻るときは足の小さなバイブル・ウーマンを背負い、浅瀬を渡って船に乗せてくれた。このようなことは、この地域では珍しいことではない。

高陂の対岸に中空で円錐形の石造りの塔が三つ見えた。上部に穴がひとつと、脚部のそれぞれ反対側に穴がひとつずつある。この地方の全域にあるこれらの塔やこの種のものは、何かの騒動のときに別の町から援軍を求めるためののろしを上げるのに使われる。

さらに二〇マイル〔三二キロメートル〕で三河に到着した。ここで嘉応の支流が西から合流する。この支流を一〇〇マイル〔一六〇キロメートル〕上ると〔急流を七日間の行程〕、広州方面からやってきたバーゼル伝道会[*8]のステーションがあり、フランス人の宣教師[*9]も駐在している。三河は人口四〇〇〇人で、絵のように美しいその一帯は、高台にある三層の仏塔四基と五層の仏塔一基でさらに印象深いものとなっている。

川岸に立つ塔

三河から一二マイル〔一九キロメートル〕で県城のヨウ・ポとなる。ここには科挙の称号を持つ文人が潮州の他地域よりもたくさんいるという。

……

さらに一二マイルでチエ・カ・パに着く。人口数百人。全員が店主のようだ。ここから広東・福建間の狭い流れは三マイル〔四・八キロメートル〕にわたってうなり声を上げ、急流で、どのような船もそこをさかのぼることはない。商品はすべて細い道を通って、高い岩山の間を運搬人の肩で運ばれる。その担ぎ屋の多くが女性だ。中には、私が中国で出会った最も美しい女性たちもいた。米と竹紙が下流へ運ばれる主な商品で、砂糖、塩、塩漬けの魚、外国の布が上流に運ばれる主なものである。塩は政府の専売であり、その売り上げで皇帝の身の回りの品を買うとされており、塩の官吏が経由地に駐在して輸送を監督する。やはり道に沿っていくつかの寺廟と、旅人のための屋根の付いた休憩所がある。

途中でアルビノに出会った。啓斌が言うには、以前四人見掛けたことがあり、両親や兄弟姉妹たちはみなほかの中国人と同じだという。

両側の山々は切り立ち、とても雄大で、美しいシダとみごとな樹木に覆われている。クスノキと茶の灌木が生えているが、さらに北ほどは多くない。道の北の端はホン・チで、人口三〇〇〇人。川の下流域ほどは快適とは言えない作りの船が、ここから福建西部の汀州まで走る。この道は汕頭から北へ一二〇マイル〔一九二キロメートル〕で、汀州へはその半分の距離だ。

潮州府城からホン・チまでの全行程が八〇マイル〔一二八キロメートル〕で、両側から山々が急勾配で川に落ち込んでいる。その山々は竹や松、モミ、そして私たちには名前の分からない木々に覆われている。そしてそれらの緑は、潮州の他地域の至る所に見られるむき出しで褐色や灰色の山とは大きく異なる景観をなしている。山は一〇〇〇フィート〔三〇〇メートル〕以上の高さはないが、険しく雄大だ。道中の景色の多くは有名なカレドニア運河*10、あるいは私たちのいとしいハドソン川と同じようにすばらしいものの、両者のずば抜けた魅力には欠けている。総じて、人間の苦闘や喜びを伝える極めて雄大な自然の景観は、深い感動を与えてくれる。カレドニア運河では過去の冒険と成就を思い起こさせる廃墟が、ハドソン川では現在の幸福を表している美しくも堂々とした家屋が、これら異教の国の断崖にはない趣を景色に添えている。

客家はほかの中国人と異なり、二階建てや、ときには五階建ての高さの家も建てる。最良ものは、焼くと青っぽくなる赤土で出来たレンガ作りだ。彼らの村は塀で囲われておらず、これはこの省のほかの地域よりも、生命と財産が極めて安全なことを示している。他地域では町や村はすべて囲われ、夜には門が閉じられる。客家の村では一軒屋もよく見掛ける。潮州府のほかの場所ではそのようなことはなく、人々は相互の防衛のために例外なく村に密集している。

女性は誰も纏足をせず、外で働き、木や薪を切って他地域へ送るために丘から運び下ろし、炭を焼く。男たちは商売をし、縫い物や機織りをしている。

客家語は広東省の東部と福建省の西部、そしておそらくは江西省の南部でも使われており、客家の人々はマサチューセッツ州の少なくとも二倍の広さの地域を占めている。ここは広大で、また伝道にとってほとんど手付かずの地域である。宣教師が駐在している外部のステーションでまず客家語を学び、その上で地方を旅行して、最も効率的に伝道ができるセンターを見付けるのが一番良いだろう。神がこれら男性二名を見出し、届け給わんことを！

＊1　*Baptist Missionary Magazine* 55(6), June 1875, pp. 181–185. 本訳書の登場人物は主に汕頭の西方の出身者である。

それにたいしてこの項目では、汕頭北部の様子が紹介される。汕頭から北上する際に通過する大きな町としては、庵埠、潮州、留隍、高陂、三河などがあり、西方から流れ下ってきた梅江と、北の福建省から流れ下る汀江が三河で合流し、韓江となる。フィールドが記す三河より以北の地名は、確認できないものがいくつかある。

＊2 陳雪花である。本書「竹で出来た龍」に登場する。

＊3 江西、福建、広東の三省を指す。

＊4 竹を原料とする竹紙である。

＊5 中国の町は四角い城壁で囲まれているものが多いが、潮州府城は南北に長い楕円形をしていた。

＊6 本書「子どもの生活——四男の物語」の主人公・阿四である。

＊7 沿岸近くの平野部と異なり、北部の客家地区に入ると密集しない形態の村落が存在したようである。本項目の最後の部分を参照のこと。

＊8 スイスのバーゼルに本部を置くプロテスタント・ミッションで、主に汕頭の西北部の客家地区で活動していた。

＊9 おそらく、パリ外国宣教会の宣教師である。

＊10 スコットランド北部の運河。一八四七年に完成した。

地方での仕事[＊1]

夏の勉強を終えたバイブル・ウーマンたちが一一月一日、地方のステーションに戻った。一年の最後の二ヵ月間は涼しくて乾燥しており、地方での仕事に最適であった。その間にバイブル・ウーマンは、一日はここで、一週間は別のところでといった具合に、一〇〇以上のいろいろな村で教える。私はステーションのうち九ヵ所を訪ね、二五の村で信者を訪問しながら、地方で彼らと一緒に四〇日間過ごした。

……

＊1　*Baptist Missionary Magazine* 59(4), April 1879, p. 99.

初めて神のことを聞く＊1

この前の聖餐式で女性たちと一緒にやってきた中に、真の神のことを初めて聞いたばかりの、元気がよくて知的な寡婦がいた。数日前、一人娘の嫁入り道具をすっかり整えて、自分の寝室にしまっておいた。だが泥棒が屋根の瓦をはがしてその穴から入り込み、服六〇着と宝石箱を盗み、追跡の手がかりも残さず立ち去った。彼女は家からおよそ一〇マイル〔一六キロメートル〕ほど離れた寺へ向かった。有名な神様にお伺いをたてて、失くしたものを見付ける手助けをしてもらおうというのだ。

こうして、船の中で私たちの中国人伝道師の一人と乗り合わせた。その伝道師は、彼女が持っていた線香と供え物を見て、どんな神様にお祈りに行くのかと尋ね、もっと力のある神のこと、そして近くの礼拝堂でその話が聞けることを教えた。彼女は、行くつもりだった寺を通り越して礼拝堂へ行った。そこでバイブル・ウーマンたちと一晩過ごし、もっと良い方法を確信し、次の朝、供え物を投げ捨てて家に戻った。それ以来、その礼拝堂で教えを聞いており、私たちは、彼女が真の神のほんとうの信奉者になってくれるものと期待している。

＊1　*Baptist Missionary Magazine* 59(4), April 1879, p. 99.

汕頭での女性祈禱集会[＊1]

先週、バイブル・ウーマンが聖餐式のためにここに集まり、自分たちの仕事の報告を持ってきた。この三ヵ月間は非常に雨が多かったが、その間、彼ら一四人は二人ずつ組になって全部で一二七の村を回った。その村の多くで、教会員や親切な聴衆のところに泊めてもらいながら一週間過ごし、そのほかの場所では一日だけ滞在した。

土曜の朝、ここにあるバイブル・ウーマン・ハウスの二階の広い部屋で、いつもの礼拝集会を

バイブル・ウーマン・ハウス

開いた。私たちのミッションからアシュモア夫人、ノーウッド、ダニエルズ、イギリス長老教会からダフス夫人、リケッツが、*2 中国人女性信者七〇人とともに出席した。一般の中国人女性二〇人以上も集会に加わった。

最初にバイブル・ウーマン七人が、祈りに応える神の約束がどれほど確かなものかを語った。聖書の重要な部分をたくさんそらで引用し、旧約、新約両方の聖書から説明を取り出し、それを自分自身の体験に結び付けた。明瞭で簡潔で興味深いこの話は、世界中のどの国の、どの女性信者の集会でも立派に聞いてもらえるだろう。

時折、二、三人が同時に立ち上がって発言しようとしたり、親戚が入信してくれるように、また外国にいる息子が霊的に幸福であるように、信者であるために蒙っている迫害が軽減され、何か困難なことをする上で神の助けが得られるように、みんなで祈って欲しい、と求めたりする。私のクラスで勉強を終えたばかりのある女性は、バイブル・ウーマンの仕事に経験を積んだ人たちに、自分がいま足を踏み入れようとしている新しい世界の仕事に必要な、バイブル・ウーマンたちの知っているあらゆることが習得できるよう祈って欲しいと言った。

いまではノーウッドの女子学校の寮母兼教師になっている阿雪が、祈り手への答えが速やかに与えられた事例を語った。何年も前、いまここで伝道師をしているア・コンが初めて福音を信じはじめたころ、父親が激しく反対して日曜に礼拝堂へ行くことを禁じた。しかしア・コンは主に忠誠を誓い、信者としての義務を怠らなかった。それから間もなく、一〇年にわたって病気がちだった父の具合が非常に悪くなり、何も食べることができず、人生の終わりに近づいているように見えた。妻とほかの息子たちは回復させようとしてさまざまな、そして高価な異教の儀式を行ったが、すべてむだだった。

ついに、ア・コンが日曜に礼拝堂へやってきて、父の枕元へ祈りに来てくれるよう教会員たちに頼んだ。老人は、もしア・コンの神が自分の命を救うならもう反対はせず、自分もア・コンの神を崇拝すると言った。教会のメンバーの中には、自分自身が信者である者のみが祈りの恩恵にあずかることができる、と言う者がいたが、病んでいる者が信奉者かどうかにかかわりなく、信仰への祈りは病を癒すことができると言う人たちもいた。後者の考えの人たちが、阿雪もその一人だったが、ア・コンと一緒にその父親のところに行き、病気の回復を一緒に祈った。

その晩、ア・コンの母親が夕食を作っていると、病気の父親は料理からいい匂いがしていることに気付き、すぐに持ってきてもらって一口食べた。次の日にはずっとよくなり、すぐに健康になった。そして、ア・コンの神を崇めるという約束を守り、二年後に死ぬまで変わらぬ信者だった。

この祈禱会の最後に、リケッツがバイブル・ウーマンにあいさつの言葉を述べ、私が中国語に通訳した。彼女はイギリスのブライトンでキリストのために大いに働き、最近になってここの女性たちの間で仕事をするためにやってきた婦人である。

＊1　*Baptist Missionary Magazine* 59(12), December 1879, pp. 407–408.
＊2　いずれも宣教師の妻もしくは女性宣教師である。

民話「アリの起源」[*1]

妻と息子を養うだけの稼ぎがないため、妻にがみがみ言われている男がいた。妻はこう言った。家の近くに働き口がないのなら遠くへ行って、家族を養うことができるまでそこにいるのがいいでしょう。そこで男は外国へ仕事を探しに行った。しかし何も見付からず、家も恋しくなり、すぐに村へ戻ってきてしまった。

自分が金を持っていないことが分かれば妻に責められると思って、家の外でぐずぐずしていると、妻と息子の話し声が聞こえてきた。今朝、妻が市場で何を買ったのか話している。妻が食べ物を片付けるとき、戸棚が開いてまた閉まるのが聞こえ、男はなんとか家族と一緒に食事をしたいと思った。

しばらくして勇気を振るって中に入ったものの、あいさつの代わりに、どうしてこんなに早く帰ってきたのだと言われただけだった。男は、外国にいる間に自分には臭いを嗅ぎ分ける不思議な力があることに気付き、戻って友人たちとその才能を試そうと思ったのだと答えた。妻はあざ笑いながら、この家にどんな食べ物があるのか言い当てて、臭いを嗅ぐ力がある証拠をすぐに見せろと迫る。男は空気を嗅ぎ、下ごしらえだけでまだ調理してない鶏肉があると言った。妻が驚くと、男はもう一度嗅いで、どこか鶏肉の近くに豚肉もあると言う。彼女が興味を示すと、また嗅いで、魚があるが、きっと鯉だろう、そして野菜が二種類はあり、豆腐もあると答えた。

夫のすばらしい感覚を見せ付けられて妻は心が和らぎ、やさしく夕食を出し、そのあと隣人たちに、自分の夫は、物を嗅ぎ当てるなんとすごい能力の持ち主なのだろうと、言いふらしに行った。その話がたちまち大きく広がり、ついに皇帝の耳に届いた。ある村に、失くしたものを臭いで探し出せる男がいると。そのとき皇帝はちょうど玉璽を失くし、大切なため取り戻さねばならず、男のところへ人をやって、もし玉璽を見付けたら皇帝のもとにあるどのような官職でも与えようと言った。

哀れなこの男は、言われているような能力のないことを自覚しており、座り込んで、ペテンの罰をどうすれば逃れることができるだろうかと思案しはじめた。考えれば考えるほど不安になり、この窮状に心が奪われて周囲のことを忘れ、目を閉じると、うめくようにつぶやいた。「ああ、こいつは鋭い苦しみだ。こいつは恐ろしい〔dire〕災難だ」。廷臣たちは、超人的な力を発揮する前によくあるように、男が何かに取り付かれたのだと思い、少し離れたところで成り行きを見守り、何を言うのか聞いていた。

男は突然、誰かが袖を引くのを感じると、二人の廷臣がこっそりと、自分たちを密告しないでくれと頼んだ。これ以上、自分たちの名前を口に出さなければ、玉璽が隠してある井戸に連れていき、皇帝からもらえる褒美に加えて、さらに贈物をすると言う。二人の廷臣は「鋭」と「染〔dyer〕」という名前で、その男のうめきは神託であり、自分たちを指していると思ったのだ。二人に教えられたとおりに、男は井戸のところまで嗅いで行き、玉璽はこの底にあると宣言した。

玉璽が引き上げられ、皇帝は約束した褒美を与えた。だが男は官職を断り、代わりに飴で出来た上掛けの布団を選んだ。妻が夜の間それを少しずつかじっていれば、男が寝るのをいつものように小言でじゃますることは忘れるだろうと考えたのだ。

皇帝は、変な物を選んだものだと思いながらも、男のために飴の上掛け布団を作らせると、男はそれを持って家に帰った。妻は、金と名誉をあてにして夫を待っていた。男が、玉璽を見付け、官職の代わりに妻のために飴の上掛け布団をもらってきたと話すと、文句で男をみじめにした。

男が都を離れたすぐあと皇后が、皇帝の玉璽がどのように見付かったのかを聞き、そのような不思議な嗅ぎ当てる力を自分でも見てみたいと思い、男を宮殿に呼んだ。皇后は生綿にくるんだ子猫をカゴに閉じ込め、皇族をまわりに呼び集め、男を連れてこさせてカゴに何が入っているのか当てさせた。

男はカゴを見つめたものの、そこに隠されていそうな物が何も思い付かず、きっとすぐに首をはねられるに違いないと思った。ここから逃げ出すことはできないだろうかと考えはじめた。ところがドアは見張られ、あちこちに誰かが立っており、その者たちに捕まるだろう。恐ろしさと絶望の中で我を忘れて叫んだ。「袋詰めの猫のように死ぬ！」。男の言葉を聞いた皇后が急いでカゴを開けてみると、かわいそうな子猫は綿の中にきっちりと詰めこまれて窒息し、本当に死んでいた。宮廷の人々は男の嗅ぐ力の新しい証拠を見て、彼は神であり、その真の住まいは天にあると断言した。そこでみなで男を捕まえて空に放り投げた。

男はあまりに高く上がって、落ちてきたとき、ちりの中に突っ込み、その粒が大地に散らばった。そのちりはすべてアリに姿を変え、今に至るまで、誰かが何かおいしい物を持っていると、アリは遠くからそれを見付けて嗅ぐ力でそこにたどり着くことになったのだ。

玉枝[*2]が、薬屋をやっている叔父から聞いた話をしてくれると言った。叔父はその話を丘のふもとの村で聞いた。そこへ、丹毒[*3]の湿布薬を作るのに使う薬草や虎の骨[*4]、蛇の皮、熊の胆嚢、サソリ[*5]、クモ[*6]などを買いに行ったのである。薬草の根を集めている男が叔父にこの話を聞かせた。

＊1　Fielde, *Chinese Nights' Entertainment, Forty Stories told by Almond-Eyed Folk, Actors in the Romance of the Strayed Arrow*, G. P.

Putnam's Sons, 1893, pp. 18–24.

＊2　一八八二年に一一歳で洗礼を受けた姚玉枝。バイブル・ウーマン丁鈴の娘である。本書「朝霧」に登場する。

＊3　菌の感染によって引き起こされる皮膚の炎症。

＊4　この地域には虎が棲息しており、北部の福建省との境では、一九二〇年代末になっても旅人が三年間で三〇〇人も虎に襲われて死んだという。

＊5　麻痺や痙攣に効くとされる。

＊6　解毒、痛み止め等の功能があるとされる。

◇第三部

p. 215　川岸に立つ塔

Pagoda on the Moi River, nine hours from Kayintschu, International Mission Photography Archive.

p. 221　バイブル・ウーマン・ハウス

Bible women's house, Shantou, ca. 1895, International Mission Photography Archive.

p. 107　赤ん坊の頭を剃る

Shaving a child's head when one month old, Justus Doolittle, *Social Life of the Chinese: With Some Account of Their Religious, Governmental, Educational, and Business Customs and Opinions. With Special but not Exclusive Reference to Fuhchau*, Harper & Brothers, Publishers 1865, vol. 1, p. 123.

p. 108　牛で田を鋤く

Ploughing, Adele M. Fielde, *Chinese Nights' Entertainment: Forty Stories Told by Almond-Eyed Folk Actors in the Romance of the Strayed Arrow*, G. P. Putnam's Sons, 1893, p. 103.

p. 133　楽隊

Musicians, Chinese nights, Adele M. Fielde, *Chinese Nights' Entertainment: Forty Stories Told by Almond-Eyed Folk Actors in the Romance of the Strayed Arrow*, G. P. Putnam's Sons, 1893, p. 55.

p. 142　広東東部の村

訳者撮影、海豊、1991 年 9 月。

p. 152　葬式

Setting out for the cemetery, Adele M. Fielde, *A Corner of Cathay: Studies from Life among the Chinese*, Macmillan & Co., 1894, p. 68.

p. 164　仏教の僧侶

A Buddhist Priest, Adele M. Fielde, *Pagoda Shadows: Studies from Life in China*, W. G. Corthell, 1884, p. 108.

p. 165　天后廟

Temple dedicated to sea goddess, Shantou, Guangdong, China, ca.1921–1923, International Mission Photography Archive.

p. 178　薬屋

An Apothecary's Shop, Adele M. Fielde, *Chinese Nights' Entertainment: Forty Stories Told by Almond-Eyed Folk Actors in the Romance of the Strayed Arrow*, G. P. Putnam's Sons, 1893, p. 25.

p. 182　客家船に乗る外国人

Journey on the river, in a hakka boat, from Moiyen to Swatow (Mrs Meister and an English lady), International Mission Photography Archive.

p. 185　乞食

Beggars, Adele M. Fielde, *Pagoda Shadows: Studies from Life in China*, W. G. Corthell, 1884, p. 113.

p. 58　機織り

Women weaving fabric, China, ca.1920-1937, International Mission Photography Archive.

p. 73　容。前列右。

Tolerance and her Kin, Adele M. Fielde, *Pagoda Shadows: Studies from Life in China,* W. G. Corthell, 1884, p. 239.

p. 74　刀の梯子を登る霊媒師

Priest ascending a ladder of knives, Justus Doolittle, *Social Life of the Chinese: With Some Account of Their Religious, Governmental, Educational, and Business Customs and Opinions. With Special but not Exclusive Reference to Fuhchau*, Harper & Brothers, Publishers, 1865, vol. 1, p. 153.

p. 81　南隴教会の信者、蓮（右）と真宝（左）

The Pillars of the Church at South Spur, Adele M. Fielde, *Pagoda Shadows: Studies from Life in China*, W. G. Corthell, 1884, p. 251.

◇第二部

p. 96　名誉の牌楼

Honorary stone portal to the memory of virtuous and filial widows, Justus Doolittle, *Social Life of the Chinese: With Some Account of Their Religious, Governmental, Educational, and Business Customs and Opinions. With Special but not Exclusive Reference to Fuhchau*, Harper & Brothers, Publishers, 1865, vol. 1, p. 111.

p.97　媒人

A proposal of marriage, Adele M. Fielde, *A Corner of Cathay: Studies from Life among the Chinese*, Macmillan & Co., 1894, p. 26.

p. 103　祖先の廟

A simple ancestor hall near Moilim with a grove for the ancestors, International Mission Photography Archive.

p. 105　丘陵地に密集する墓

Close-up view of hillside graves, outside Chaozhou, Guangdong Province, China, ca. 1888–1906, International Mission Photography Archive.

p. 106　墓参り

Worshipping at the Grave of an Ancestor, Adele M. Fielde, *Chinese Nights' Entertainment: Forty Stories Told by Almond-Eyed Folk Actors in the Romance of the Strayed Arrow*, G. P. Putnam's Sons, 1893, p. 191.

図版一覧

◇訳者まえがき

p. iii　アデル・M・フィールド

Helen Norton Stevens, *Memorial Biography of Adele M. Fielde, Humanitarian*, The Fielde Memorial Committee, 1918, 扉写真。

p. v　バイブル・ウーマン

Group of bible women, J. Campbell Gibson, *Mission Problems and Mission Methods in South China*, Oliphant, Anderson & Ferrier, 1902, p. 256.

◇第一部

p. 11　花嫁と箱型の輿

The departure of the bride, Adele M. Fielde, *A Corner of Cathay: Studies from Life among the Chinese*, Macmillan & Co., 1894, p. 38.

p.14　糸紡ぎ

Cotton Spinning and Ginning, Adele M. Fielde, *Pagoda Shadows: Studies from Life in China*, W. G. Corthell, 1884, p. 268.

p. 18　快とその生徒

Speed, with a Pupil, Adele M. Fielde, *Pagoda Shadows: Studies from Life in China*, W. G. Corthell, 1884, p. 163.

p.21　ミッションの女子学校の生徒たち

Pupils of Hakka Girls' School, Wukingfu, China, 1911, International Mission Photography Archive.

p.24　村はずれの小さな廟

訳者撮影、海豊、1991 年 9 月。

p. 30　娘に会いに行く母親

Going to visit a married daughter, Adele M. Fielde, *A Corner of Cathay: Studies from Life among the Chinese,* Macmillan & Co., 1894, p. 76.

p. 36　盲目の占い師

Blind fortune teller, now preacher, Constance F. Gordon-Cumming, Work for the Blind in China, *The Missionary Review of the World*, vol. 20, 1897, p. 353.

p. 37　灌漑用の水車

Farmers pumping water, Shantou, Guangdong, China, ca. 1920–1937, International Mission Photography Archive.

訳者あとがき

本訳書の原書は、近代中国の庶民にかんする史料を探し求める中で訳者が出会った、最良のもののひとつであり、農村の名もない女性たちの日々の暮らしやその人生が奇跡的に書き留められている。ただし、翻訳作業はかなり早くにおおむね完成していたものの、パソコンの中に眠らせたままになっていた。そののち東方書店の岡部政勝氏の紹介によって出版のめどが付き、引き続き同書店編集部の家本奈都氏には原稿の問題点を細かくチェックしていただいた。また原文の不明瞭な部分については、アメリカの Pace 大学教授ジョセフ・リー（Joseph Tse-Hei Lee, 李榭熙）氏の教示を受けている。リー教授は潮州、汕頭地区のキリスト教史を専門とする研究者である。いずれも、あらためてお礼申し上げたい。なお、原書に登場する人名や地名は、主に蔡香玉『堅忍与守望——近代韓江下游的福音姿娘』（生活・読書・新知三聯書店、二〇一四年）を参考にして漢字を比定もしくは推測し、聖書からの引用は『聖書　新共同訳』（日本聖書協会、一九九一年）によっていることをお断りしておく。

二〇二一年七月

訳者略歴

蒲豊彦（かば　とよひこ）

1957年生まれ。1986年、京都大学大学院文学研究科博士後期課程満期退学。現在、京都橘大学教授。おもな著書、訳書、論文に『闘う村落――近代中国華南の民衆と国家』（名古屋大学出版会、2020年）、ティモシー・リチャード『中国伝道四五年』（共訳、平凡社、2020年）、『戦場を発見した作家たち――石川達三から林芙美子へ』（新典社、2020年）、『三竃島事件――日中戦争下の虐殺と沖縄移民』（共著、現代書館、2018年）、「宣教師が見た一九世紀の潮州人」（志賀市子編『潮州人――華人移民のエスニシティと文化をめぐる歴史人類学』風響社、2018年）、「義和団事件前夜のキリスト教会」（『東洋史研究』第75巻第2号、2016年9月）、「長江流域教案と“子ども殺し”」（森時彦編『長江流域社会の歴史景観』京都大学人文科学研究所、2013年）などがある。

私《わたし》がクリスチャンになるまで
清末中国《しんまつちゅうごく》の女性《じょせい》とその暮《く》らし

二〇二一年九月一〇日　初版第一刷発行

著　者●アデル・M・フィールド
訳　者●蒲豊彦
発行者●山田真史
発行所●株式会社東方書店
東京都千代田区神田神保町一―三　〒一〇一―〇〇五一
電話〇三―三二九四―一〇〇一
営業電話〇三―三九三七―〇三〇〇
印刷・製本●株式会社　ディグ
装　幀●クリエイティブ・コンセプト（江森恵子）

定価はカバーに表示してあります

ISBN978-4-497-22111-7　C0022

小社ホームページ〈中国・本の情報館〉で小社出版物のご案内をしております。
https://www.toho-shoten.co.jp/